JN410783

# 인고의
# 세월

# 인고의 세월

2013년 1월 20일 초판 발행
**지은이** 김석영 ◎ **펴낸이** 안대현 ◎ **펴낸곳** 풀잎 ◎ **등록** 제2-4858호
**주소** 서울시 중구 예장동 1-51호 ◎ **전화** 02_2274_5445/6 ◎ 팩스 02_2268_3773
**디자인** 디자인스튜디오 203 대전

※ 잘못된 책은 바꾸어 드립니다
ISBN 978-89-967588-7-7 03800

# 인고의 세월

김석영 지음

## • 머리말 Preface

# 忍苦의 歲月

우리는 중세와 근세에 이르기까지 너무나 암담한 시대를 살아왔다. 우리나라는 고구려, 백제, 신라 등 삼국시대의 전란과 37년간 고려 몽고대란, 이조 때의 당나라와 청나라의 내정간섭, 36년간의 일제日帝탄압, 그리고 해방 이후 좌우익의 이념과 사상의 갈등에 6.25라는 민족상잔의 비극, 4.19와 5.16, 5.18혁명을 겪으면서 국민은 참으로 불안 속에서 생명이 찌들어가며 부지해왔다.

이 같은 불안정 속의 민족성이 오늘 이 시대에까지 아직도 흐르고 있지 않은가. 인고의 세월, 통한의 세월 60여년이 흘렀다. 이제 겨우 경제대국으로 발전하였으나 한편, 산업 발전의 병폐 현상으로 빈부의 양극화 현상이 격심해지면서 우리의 정신문화는 도리어 나날이 퇴폐되어 가고 있다. 공인의식이 망각되면서 공직자의 횡령, 위정자의 비리, 교육계·금융계·의료계, 대기업의 횡포, 상인의 폭리, 사기·배임, 성폭력, 강도·절도, 밀수의 성행까지. 어느 한 곳이 성한 데가 없이 부정부패가 극단으로 치닫고 있다.

도덕과 정의가 실종되고 원칙과 기준이 무시되며, 인간성이 상실되어 가고 있는 실태는 비정상사회로 그 극치를 이루고 있다. 더욱이 남북한의 긴장이 고조되고 있는 상황임에도 불구하고 국민의 안보의식은 희박해져가고 있다. 과거 자유중국이 대만으로 철수하고 자유월남이 왜 멸망하였는지를 통해, 국민의 역사의식이 그 어느 때보다도 고취되어야 할 때이다.

대한민국의 미래를 생각하면 참으로 통탄스러운 일이다. 우리는 줄곧 민족수난의 불우한 시대만을 겪어왔다. 이제 우리는 극도의 개인이기주의와 집단적 이기주의 그리고 지역주의와 같은 사회악을 하루빨리 청산하고 위정자는 진정으로 국민을 사랑하며 국민은 진심으로 나라를 신뢰할 수 있는 그런 날이 오기를 충심으로 기원하는 믿음 간절하다.

『저 높은 곳을 향하여』 제 1집과 『저 낮은 데서 살게 하소서』 제 2집에 이어 이번에 『忍苦의 歲月』 제 3집을 출간하게 되었다. 본 『忍苦의 歲月』은 순수한 문학의 영역을 다소 벗어나 간간히 나라사랑과 한국사회, 한국 국민에 대한 비평적 메시지를 전달하게 된 것을 죄송스럽게 생각하면서 강호제현의 간단없는 힐책과 너그러운 이해가 있기를 진심으로 비는 바이다.

이 책이 나오기까지 출간을 격려해 준 초등학교 죽마지우 김동선 선생님의 은혜와 대학동문 이해원 회장의 호의 그리고 이연자사장과 편집진 여러분의 노고에 깊이 감사드립니다.

2012년 여름 저자 김 석 영

# • 책을펴내고

세월이 약이라는 말이 있다.

세월이 흐르면 즐거웠던 일도 슬펐던 일도 모두가 떠내려가 사람의 기억에서 망각忘却 되어간다는 말이다. 세월이 사람을 아름답게 할수도 있으나, 반면에 추악하게 만들수도 있다. 세월이 아무리 빠르게 지난들 사람들의 기억記憶은 영원한 것이다.

세월속에 파묻힌 산천초목은 옛 그대로 보일지 모르나 사람은 옛사람이 아닐만큼 늙어간다. 흐르는 강물처럼 세월歲月은 언제나 흐르게 마련이다. 한스럽고 안타까웠던 일들도 세월앞에서 어쩔 수 없이 누그러진다. 마음속에 꺼리고 서글펐던 상처傷處도 남모르게 치유된다. 즐거웠고 아름다웠던 추억의 조각들도 세월은 붙들어 매놓지 않는다. 세월은 낭만적인 데가 있다. 그것은 봄, 여름, 가을 그리고 겨울의 계절季節로 제각기 특색을 주어 선보이기 때문이다. 세월은 사람을 키우는 좋은 약재이다.

세월이란 사람을 갓난아이로부터 청년기와 장년기, 그리고 노년기를 자연스럽게 구분지어 주는 마술사인 것이다. 비오는 날의 우울이나 눈오는 날의 정감은 세월을 실감해 주는 두드러진 자연의 섭리攝理다. 세월이라는 말 자체가 사람을 들뜨게 만드는 낭만이 있거니와 사람들의 생활을 아름답게 장식해 주는 문학인 것이다.

세월을 좇아 세월을 붙잡아 본다. 잔잔한 호수湖水를 눈앞에 두고 벤취에 앉은 사람들의 물그림자는 세월을 투영하는 한포기의 그림인 것이다. 마음속에 가라앉은 세월의 조각품들이 물위에 솟아난다. 천길 깊은 물속에도 비할 수 없으리만치 사람의 상념想念은 세월에 잊혀 더욱 깊은 것이다. 사람이 세월을 탓해 무엇하겠는가.  세월은 듣지도 않은채, 보이지도 않은채 다만 질주할 따름이다.

세월은 무정한 것이다. 세월은 많은 풍상風霜을 안고 지나가지만 사람은 나이에 얹혀 시들어 간다. 세월이라는 말은 우리에게 늘 친근감을 주지만, 매정한 것이 그의 생리이다. 세월이 모든 것을 해결해주리라 기대하지만 세월은 다만 냉엄冷嚴한 시간의 흐름을 고할 뿐이다. 어쩌다 사람들이 고이 잠든 무덤앞을 지나노라면 세월이 무정無情 함을 한결 통감하게 된다.

죽은사람은 영영 말이 없는 법이니, 세월을 주름잡던 사람들의 고귀한 생에도 언젠가는 그 세월속에 파묻히고 마는 운명을 거역拒逆할 수 없는 것이 아닌가. 바람과 눈과 비에 깍이고 바랜 유택의 주인을 알려주는 비석碑石은 때묻은 돌에 새겨진 이름석자로 세월이 대신해 주고 있다. 활달한 새들의 소리는 커녕 기분나쁜 까치의 울음소리가 덧없이 주위를 음산하게 만든다. 부모들이 살다간 세월을 이어받은 자손들이 또 다음세대世代에 물려줄 세월을 생각하며 하염없이 살아가는 것이 우리들의 끊임없는 세월인 것이다. 세월은 언제 어디서나 우리를 그리움 속에 넣어버린다. 그리고 한스런 일들과 원망스러웠던 일들을 용서하도록 충고해 준다. 한때 격분했던 감정感情의 파도를 진압해 준다. 한때 소스라치게 놀라웠던 일들도 잠잠하게 만들어 준다. 시간이 모든 것을 해결한다는 말도 있지 않던가. 세월은 망각의 화신化身이다. 세월은 말이 없다.

세월은 침묵속에 모든 것을 녹이는 해결사이다. 세월은 무엇때문에 존재하는 것인가. 사람의 나이를 헤어가며 사람을 병들게 만들고 끝내는 안식安息할 수 있는 잠자리를 마련해주는 파수꾼인가. 세월은 사람의 만남과 이별을 주선해 주는 중신쟁인가. 세월은 사람을 그립도록 만들어주는 사랑의 마술사인지 모른다. 세월은 사람들에게 고통苦痛스런 인내를 키워준다. 사람이 고마운 뜻을 새길 수 있는 곳은 오직 세월뿐인 것이다. 세월은 사람에게 삶과 죽음을 초월할 수 있는 능력을 키워주기 때문이다.

세월을 아무렇게나 보낸 사람에겐 알찬 열매를 거두어 주지 않는다. 세월을 무정하게 보낸 사람에겐 아름다운 추억追憶이 있을 수 없다. 세월은 많은 것을 가르치며 익혀준

다. 또 많은 것을 터득하게 일깨워준다. 세월을 탈없이 보낸다함은 안일安逸과 태만을 일삼는다는 뜻과 같다.  잠잠한 세월속에서도 사람이 가는 길은 험난하고 드높은 것이다. 세월을 보며 세월을 힘차게 뚫고 나가는 사람이 마지막 승리자勝利者인 것이다.

세월이 사람을 탓하지 않는 것처럼, 사람도 세월을 원망할 것이 못된다. 순탄하지 못한 세월이라 할지라도 세월에 부딪히는 용기勇氣와 기백이 가상스러워야 한다. 세월이 사람을 가로막는 것이 아니고 사람이 세월앞에 앞질러야 한다. 사람이 세월을 타고 갈 때 후회와 저주는 사라진다. 사람은 세월을 기념하며 세월을 넘을 수 있는 지혜智慧가 필요한 것이다.

사람이 산다고 하는 것은 세월을 헤며 나간다는 말과 같다.

세월을 오래 밟고 나간 사람에겐 후회가 있을 수 없다. 세월속에 주저앉아 살아나간 사람에게는 악몽惡夢이 남아 있을 뿐이다. 세월은 사람에게 있어서 다시 없는 위대한 벗이며 동방자인 것이다. 세월은 사람에게 무수한 체험속에 살아남는 용기와 지혜를 가르쳐준다. 그러나 고독과 운명運命이라는 굴레에서 만은 벗어나지 못하게 하는 것이 또한 세월인 것이다.

# •차례 Content

# 제1장
# 마음

## ❶ 힘겹게 오른 80고개

무정한 세월 속에 살만큼 살다가 이제는 이럭저럭 내 나이 80을 넘게 되었으니 80에까지 오는 동안 참으로 힘겨운 시간을 보내왔다. 가까운 길을 제쳐놓고 이처럼 먼 길을 걸어 온 것일까.

내 어릴 적엔 나이 60만 되었어도 환갑잔치를 치루었는데, 요즘엔 70나이를 많다고 누구에게나 내밀수가 없게 되었다. 인생 80을 넘은 노령자들이 너무나 거리를 넘실거리고 있는 것이다. 인생 70득도得道라고 하였으나 이제는 인생 80득도라고 할 만큼 80을 넘어서야 겨우 사람 사는 이치를 깨닫는다고나 할까. 앞서 먼저 떠난 친지나 친구들을 생각하면 80을 넘긴 사람은 그만큼 축복받은 것이 아닐까.

80을 넘게 되어 차츰 기억력이 감퇴된다고 하나 나는 아직도 아주 옛날의 기억들이 생생하다. 요즘은 옛날 일들이 자꾸만 그리워지곤 한다. 그렇지만 나이 먹고 나니 모든 것이 부담스럽고 귀찮아 지는 것이 또한 숨길 수 없는 사실인 것이다.

어떤 사람은 거뜬히 90세도 살고 있으며 그런가 하면 100살을 훨씬 넘기는 장한 노인도 간혹 볼 수 있는 세상이 되었다. 그러나 80을 넘고 보니 생명줄이 어떻게 될는지 마음은 항상 개운치가 않다. 인명재천人命在天이라는 말이 있듯이 사람들의 명운은 항상 하늘이 짊어지고 있는 것이 아닌가. 아침마다 신문을 보노라면 사람 죽은 부고란이 눈에 띄게 되는데 혹여 아는 사람이 있나 신경이 쓰인다.

대부분 세상 떠나는 사람이 70이나 80 고개를 넘지못하는 것을 보면 사람의 평균수명이 점점 좁혀지는 것이 아닌가 하는 의구심이 든다. 이럴 때마다 영정을 걸어놓고 가족들에게 유언이라도 일찍이 써놓고 사는 것이 마땅한 도리가 아닌가 생각한다.

그처럼 모진세월을 겪으면서도 용케도 살아 남아있는 것이 한편 대견스러울 때도 있다. 나는 젊었을 때에 사주관상을 보았더니 당신의 수명은 84세이고 이 고비를 넘기면 87이나 89세까지 이르게 된다고 한 것이 엊그제 같은데 벌써 내 나이 80을 넘게 되었다. 최근엔 어떤 관상쟁이는 87을 넘으면 97세까지 이른다고 한다. 어쨌든 80을 거뜬하게 넘기고 보니 또 한 가닥의 희망이 솟아나고, 오히려 나이에 대한 조바심이 사라지고 다만 나이에 당당해 지는 것이 아닌가.

80이 되기까지는 삶이 지루한 것같이 여겨졌으나 막상 80을 넘어서니 눈앞의 세월이 너무나 빠른 것 같다. 주변의 친지들이 한 사람, 두 사람 갑작스레 세상을 떠나는 것을 목격하게 되니 도저히 남의 일 같은 일이 아니라고 여겨진다.

남들은 흔히 칠전팔기라는 말을 자주하나 나에게는 팔전구기라는 말이 어울릴 것 같다. 그것은 하나님께서 내가 죽을 뻔한 생명을 여덟 번이나 살려주었으니 생각하면 할수록 감사할 일이다. 내 주변사람들은 어떻게 여덟 번이나 생명을 부지하였는지 믿어지지 않는 모양이다. 그러나 사실인 데야 어쩔 것인가.

대체로 사람의 생명줄이 연장된다 하여도 인생 100살이라는 말은 참으로 어려운 나이인 것 같다. 최근에 와서는 90을 넘는 사람도 가끔 눈에 띄기는 하지만, 사실상 90고개를 넘는다는 것은 그리 쉬운 일은 아닌 것이다. 그러고 보면 인생 80이라는 나이도 장수임에는 틀림이 없는 것이 아닌가.

세찬 바람 속에 세월이 쏜살같이 흘렀으니 그동안 80나이가 되도록 겪은 모진 풍진은 이루 말할 수 없다. 지금에 와서 생각해도 내가 17세에 한탄강을 넘을 때 등 뒤에서 비처럼 쏘아대는 총탄에서도 용케도 살아남았을 뿐 아니라, 길을 걷다가 돌에 부딪쳐 이마가 깨지면서 피를 흘린 사고도 당했으며, 겨울철 사뿐히 내린 눈 밑의 얼음을 헛디뎌 머리 뒷골이 찢어져 피를 흘리고 한동안 의식이 불명한 채 길에 넘어져있었으나 지나는 행인이 119 구급차를 불러 병원 응급실에 실려 간 적도 있었다. 그때마다 내 생명은 끈질긴 것이라는 느낌을 가졌었다.

나는 생각한다. 80나이를 먹고서야 겨우 사람 사는 이치를 깨우치고 그나마 사람 구실을 하게 된 것이라 자성해봤다. 사람들은 흔히 제 잘난 멋에 산다고 하나 꼼꼼히 그 사람들을 쳐다보면 인간의 기본 도의를 무시하는 값싼 사람들도 볼 수 있다. 이런 때 60이나 70은 나이도 아니라는 말이 수긍이 간다. 사람 사는 철리를 그처럼 늦게야 깨닫는다는 것이 얼마나 부끄러운 것인지 이제야 깨달았다는 것이다.

나라를 위해, 사회를 위해 헌신한 위대한 사람이나 그저 자신과 가족들만을 천금같이 여겨 평생을 빈들빈들 놀면서 한 세상을 보낸 사람이나 다 같이 공통점이 있는 것이다. 그것은 모든 명예를 잃고 그렇게 귀중히 여기는 재산도 다 버리고 세상 아무도 자신의 목숨을 살려줄 수 있는 사람이 없는 막막한 죽

음을 당하게 된다는 것. 엄연한 현실을 어느 누구도 피할 수 없는 대자연의 법칙을 어찌 막을 길이 있단 말인가.

사람을 더 열심히 사랑하지 못한 후회와 좀 더 다른 사람을 위해 선한 일을 하지 못한 일들을 생각하면서 살고 있다. 누구나 인생 80을 이미 넘기면 마음속에 또 다른 세계로 떠나야 하는 여로旅路가 기다리고 있다는 사실을 결코 외면해서는 아니 될 것이다.

이런 때 사람들의 높고 낮음이 없이 하나님과 행운의 여신女神은 언제나 살아생전 소임을 다한 우리들을 기꺼이 맞아 줄 것이라는 희망을 갖고 있는 것이다.

## ❷ 내 마음 가는 곳에

사람은 항상 일하다가 쉬며 또한 일하다가 가는 것이다. 노동은 신성한 것이라 하였으니 우리는 죽는 날까지 일하지 않고는 살 수 없는 것이 우리의 삶인 것이다. 자신에게 닥쳐오는 일을 마다하고 태만히 한다면 그 사람은 아무 일도 할 수 없는 사람이다.

그러나 일하다가 피곤이 쌓이고 긴장이 머릿속에 배어있다면 건강을 해칠 우려가 있기 때문에 우리는 적절한 휴식과 충분한 수면을 해야 된다. 매일의 생활이 일과 휴식의 연속인 것이다. 이 휴식기간에 우리는 무엇을 해야 하는가. 직장에서는 휴가를 얻을 수가 있으며 개인적으로는 여행을 다닐 수도 있는 것이다.

우리는 공기가 맑은 산이나 바다를 찾을 수도 있다.

이럴 때 내 마음 가는 곳이 과연 어디일까 고민하게 되는 것이다. 내 마음이란 무엇인가. 사람이 간직할 수 있는 가장 소중한 정신적인 휴식처가 바로 마음인 것이다. 그렇기 때문에 내 마음이 닿는 곳에 우리는 닻을 내려놓고 심신 다 함께 내려놓아 휴식을 취하는 것이다.

사람마다 그 취미에 따라 다 다를 터이지만 제일 먼저 마음이 닿는 곳이라면 여행이 아니겠는가.

국내뿐 아니라 국외 다른 나라의 풍물을 보기위해 길을 떠나는 것이다.

제각기 사람이 다르고 살아가는 정신문화와 물질문명이 제각기 다르다. 외국 사람들이 살아가는 방식을 견문하다보면 자신의 일상생활에도 변화를 가져올 수 있는 새로운 계기가 마련되는 것이다. 사람은 변해야 발전하고 새로운 문물에 접하다 보면 한 층 또 한 층 업그레이드되는 것이다. 평생 닳지 않는 새로운 휴식공간은 내 마음에 닿으면서 새로운 것이 되어야 할 것이다. 내 마음 닿는 곳을 누구도 막아서는 아니 된다. 자유자재로 마음을 수양하며 마음의 양식을 쌓아나가야 한다.

내 마음은 호수라는 말도 있다. 호수와 같이 맑고 조용한 내 마음을 정화시킬 수 있도록 계속 노력해야 할 것이다. 내 마음 가는 길엔 항상 사랑하는 사람과 더불어 있어야 하며, 사랑과 인생을 구가할 수 있는 기쁨과 희열이 충만해야 한다. 즐거운 휴식 뒤엔 다시 일에 대한 갑절의 효과가 생기는 것이다. 매양 지루하고 역겨운 일만 매일같이 지속된다면 그 인생은 너무나 공허한 것이 되고 마는 것이다. 내 마음 가는 곳에 언제나 즐거움이 기다리며 행운의 여신이 따라야한다. 내 마음의 행로에 따라 즐거운 휴식이 있고 다시 활기찬 일터를 맞게 되는 것이다. 사람들의 마음 여하에 따라 행복의 척도가 달라질 수 있다.

인간은 어차피 행복을 추구하는 동물이며, 인생은 사랑의 역사를 엮어 나가는 문화와 문명의 세계를 탐구하는 일이다.

내 마음 가는 길은 언제나 자유로운 것이며 이를 막을 장애는 있을 수 없다. 그 길은 망망대해를 질주하는 배처럼 언제나 활기찬 것이리라.

내 마음 가는 길엔 언제나 험난한 가시밭길일지라도 내 마음은 이를 밀고 나갈 힘의 용솟음 같은 것이리라.

내 마음 가는 길엔 언제나 정서가 있고 아름다움이 깔려 있는 것이니 이를 헤치고 나가는 사람도 내 자신임을 알고 있어야 할 것이다.

내 마음 가는 길이 멀고멀지라도 나에게는 이를 헤치고 나가는 강인한 힘이 필요한 것이다.

## ❸ 하루 15분의 명상

하루 15분의 명상이 100세 이상의 장수를 누리는데 중요한 역할을 한다는 어느 미국학자의 말이 있다. 명상이 육체적으로나 정신적으로 인체에 매우 유익한 것이라는 것이다.

수긍이 가는 말이다.

흔히 사람들이 마음을 비우는 무아지경에서 자신을 생생하게 성찰할 수 있다는 것은 아무도 부인하지 않는다.

이른바 불교에서 득도得道하기 위해 고행하는 좌선坐禪이나, 기독교에서 하나님과의 대화에서 소망을 이루려는 기도의 시간만큼은 모두가 명상이라는 명제 앞에서 맥을 함께하는데 의문의 여지가 없다.

요즘같이 하루 종일 시간에 쫓기는 현대인에게는 그야말로 자신을 어렴풋이나마 되돌아 볼 수 있는 순간의 진실이 절실하다. 새벽잠에서 깨어나 밤늦게야 피곤한 눈을 붙이는 시간까지 우리는 하루 동안의 내 자신을 조용히 살펴볼 수 있는 시간이 그리 흔치않다.

길 가는 수백만 명 아니 수천 명의 사람들을 모아놓고 물어보고 싶다. 단 일분이라도 명상하는 시간을 갖는 사람이 과연 얼마나 되느냐고.

우리가 억지로라도 명상하는 시간을 갖는다면 이 얼마나 행복한 일인가. 옛날 중국의 공자孔子는 나이 40이 되어서야 비로소 불혹不惑의 경지에 들어섰다고 했다. 나의 70~80세가 되어도 철들지 않은 사람들이 사람의 가죽을 쓰고 우리가 사는 주변에서 날이면 날마다 판을 치고 있다. 이런 현실에서 현대인들이 사람 되기 위해 명상할 수 있는 시간을 과연 얼마만큼 가질 수 있을 것인지 자못 궁금해진다.

우리는 하루에도 수많은 사람들을 대하면서 경박하고 고약한 심성을 드러냄으로써 세상 사람들을 줄곧 미움의 세계로 이끌고 가는 광경을 흔히 볼 수 있다. 불손하고 오만방자한 자신을 인식 못하는 사람들에게 이런 말들이 모두 무슨 의미가 있겠는가.

오늘날처럼 복잡한 시대에 태어나서, 그리고 불확실한 사회에 불우하게 살면서 구태여 도덕관념을 지키려 어느 누가 애를 쓸 것인가. 양화를 만지는 사람을 악화를 만지는 사람들이 마구 쫓아내려 하는 세상을 볼 때마다 많은 사람들이 분통이 터진다.

세상이 우리들을 우울하게 만들며 외롭게 만들 때 혼자만의 명상에 잠겨보라. 그 이상 마음의 보약이 또 있겠는가.

오늘도 고성낙일孤城落日의 심정으로 멀리 하늘을 바라보며 명상의 시간이

얼마나 귀한 것인가를 깨닫는 사람들이 날마다 많아지기를 기대해 본다.

## ❹사부곡(思夫曲)

요즘 연상녀와 연하남이 함께 결혼해서 살고 있다는 것을 자랑스럽게 여기는 장면이 TV에서 가끔 방영되고 있는 것을 볼 수 있다.

그들의 말은 남이야 뭐라 하든지 별로 거리낄 것이 없다는 것이다. 세상 사람들에게 이상한 눈으로 보지 말라는 것이다. 자신들이 행복하면 그만이라는 것이다. 그들의 표정은 너무나 당당하고도 남아 보였다. 이처럼 우리나라엔 지금 새로운 풍속이 생겨나고 있다. 젊은이들의 결혼관이 새롭게 변하고 있으면서 지금까지 전통사회에서의 혼례는 이제 한낱 낡은 유물로 전락될 기미를 보이고 있는 것은 흥미로우면서도 한편 매우 의아한 생각이 든다.

젊은 남성은 연상의 여인을 결혼대상으로 기호하고 있다는 이야기다. 또한 젊은 여성은 연하의 남자를 원하고 있는 것이다. 요즘 몇 년간의 실례로 전국에 걸쳐 그런 이들이 이미 수 만 명에 달하고 있다고 한다. 그 이유로는 사회에 진출하는 연상의 여인들이 무엇보다 경제력을 갖고 있다는 데서 생활의 안정감을 갖고 있는 듯하다. 맞벌이 부부가 나날이 늘어만 가고 있는 추세에 비추어 연상녀가 연하남을 택한다는 것은 단순히 누이 벌 여성에게 생활의 주요부분을 의존한다는 것인지 의문스럽다. 어쨌든 남녀 간의 결혼패턴이 파격적으로 변해가고 있다는 것은 사실이다. 이런 사실은 결혼상담소를 찾는 사람들에게도 충분히 엿볼 수가 있다.

요즘같이 냉랭하고 각박한 세상에서는 한 가정 내에서 여성이 활력을 불어넣고, 여성의 생각함이 진취적이라는 데는 별로 이의를 제기할 사람은 없을 것이다. 그러나 연상남과 연하녀年下女가 의례히 치르던 전통혼례가 하루아침에 무너지고 있다는 것에 어떤 사람은 아무래도 아쉬움이 있으며 개운치 않다는 것은 무슨 의미일까.

우리나라가 해방 전만해도 이 같은 풍속은 미풍양속을 숭상하는 일반사회 통념 하에서는 있을 수 없는 일이었다. 재래의 전통적인 사회에서는 결코 용납되는 일이 아니었다. 그러나 서구식 문화에 동화되면서 세상은 급속히 변해 가고 있다. 결혼 상담에서 학벌, 경력, 인격 등은 차츰 우선순위에서 밀려나고, 젊은이들은 너무 현실적인 감각으로 세상을 다만 편하게 즐기며 눈앞의 이익에만 어두워 살아간다는 것에 굳어져가는 타성을 부인할 길이 없다.

결혼조건과 대상도 너무 실리적이고 타산적으로 생각한다는데 서글픔이 앞선다. 자녀를 둔 세상의 부모들은 옛 세대와 새 세대와의 사이에서 번민하는 걱정거리를 안게 되는 것은 아닐까. 그래도 남성을 영원한 가장으로 알고 있는 모든 여성들의 심성은 남편을 위하고 그리워하며 우러러 사랑하는 마음만은 일편단심 버릴 수가 있겠는가.

## ❺ 상대 말을 끝까지 경청하라

미국의 명문대 총장들이 한국을 방문하였을 때 이들에게 한국의 방송기자가 질문한 일이 있었다. 어느 기자가 매우 흥미로운 질문을 하였다. 그것은 지극히 상식적인 질문이었다.

"오늘날 미국이 짧은 역사에도 불구하고 그처럼 세계에서 안보상으로나 경제적으로나 최강국인데, 그 원동력은 어디에 있는 지요." 한국기자는 이어서 물었다.

“미국과 같은 큰 나라가 인재를 양성하는 대학 특히, 명문대학에서 무엇을 중요하게 가르치고 있나요.” 이 때 미국의 한 총장은 매우 의미 있고 감동적인 답변을 해주었다.

“대학이란 흔히 학문을 가르치는 곳이라지만 우리 미국의 대학에선 관용의 도를 가르치고 있지요. 더 자세히 말한다면 사람들은 언제나 나 아닌 다른 사람들과 대화합니다.

이때 중요한 것은 사람들이 흔히 자기 자신의 주장만 하지 말고 우선 상대방의 이야기를 잘 경청하는 일이며 그런 연후에 상대방을 이해하며 허물을 용서하는 일입니다.

이런 일이 한 사람 한 사람 이어져 나가면 그 사회는 잘 조화되며 발전해 나갈 것입니다. 인재를 잘 키운다는 것은 사람과 사회를 위해 중요한 일이기 때문에 미국의 대학에선 바로 이런 관용의 도를 대학과정에서 가르치고 있는 것입니다.”

사람들은 텔레비전 방송을 시청하면서 큰 감명을 받았을 것이며, 오늘 이때까지 그날의 방송내용은 사람들 마음속에 새겨져 있을 것이다. 우리나라에선 왜 이와 같은 인성교육을 하지 않는 것일까. 도덕과 윤리에 대한 교육이 없는 것은 아니지만 가슴에 와 닿는 실천적인 감성교육이 오늘 우리나라 대학에서 더욱 절실한 것이 아닌가 하는 생각이 든다.

우리나라에서 충·효 교육이 없는 것은 아니다.

나라를 사랑하며 사람을 사랑하는 인성교육이 없는 것은 아닐 것이다. 자기 자신만 내세우는 독선적이고 이기적인 자세는 자신의 인격을 스스로 손상시키는 것일 뿐 아니라 나아가서는 사회발전을 저해하는 위험한 요소임을 망각하는 때가 많은 것이다. 상대방의 말을 잘 들어주는 친절도가 얼마나 절실한 것인가를 일깨워 주고 있다.

관용의 도가 작게는 행복의 보금자리인 만큼 한 가정에서의 부부의 도에서부터, 크게는 나라의 정치에 이르기까지 얼마나 긴요한 것인가를 되새겨 봐야 할 것이다. 관용의 도란 사람들이 듣기만 하여도 참으로 감동적이고 교육적인 말이다. 과연 세상의 이치가 바로 이런 곳에 있는 것이 아닌가 하는 생각이 든다. 우리의 주변에서 일어나고 있는 모든 문제의 갈등과 분쟁들이 무엇보다도 관용의 도에서 벗어나면서 생겨나는 현상이 아니던가.

우리는 비단 종교적인 차원을 떠나서라도 건전하고 복되며 화합하는 명랑한 사회가 되기를 원한다면, 그런 원동력은 관용의 도에서 찾아야 할 것이 아닌가 하는 조바심을 갖게 된다.

옛날 어느 선철先哲의 명언이나 좌우명보다도 관용이라는 지극히 상식적인 대목에서 우리들의 삶을 관조해 볼 때, 관용의 도는 모든 사람들이 익혀야 할 삶의 한 패턴이 되어야 할 것은 이제 두 말할 나위가 없다.

관용의 도를 좀 더 쉽게 이해해보자.

우리가 사람들과 대화를 나눌 때 자신은 되도록 낮은 자세에서 상대방의 인격을 높이고 말씀을 존중한다는 뜻이 될 것이다. 관용이란 의미는 상대방을 크게 용서한다는 것과 너그럽게 안아준다는 뜻과도 상통되는 것이다.

관용을 베푸는 자는 언제나 승리자의 입장에 서게 마련이다. 왜냐하면 관용하는 자에게 많은 사람이 모여들게 마련이며, 왕년에 적이었던 자도 자연스럽게 동지로 감싸주며 도와주게 된다는 천리를 깨닫게 해주기 때문이다.

우리 다 함께 관용의 도를 익히고 모든 사람들과 격의 없는 대화를 나누며 잘 어울리는 행복한 삶을 창출해 보지 않겠는가. 많은 사람들이 순식간의 실수로 관용의 도를 망각하는 경우가 있다. 성급한 사람일수록 관용을 베푸는 아량을 소홀히 하는 경우가 있다.

관용의 참 뜻을 미처 생각하지 못하고 상대방을 무턱대고 업신여김으로써

자신에게 엄청난 손실을 가져올 때가 있다.

좀 더 관용의 정을 베풀지 못한 것을 후회할 적엔 이미 시간이 늦는 것이다. 관용은 얼핏 생각하기엔 사람들에게 저低자세인 것처럼 여겨질지 모른다.

그러나 반사적으로 관용의 결과는 자신에게 적지 않은 이익이 따른다는 사실을 왜 모르는 것일까. 관용은 그만큼 인간 자세에 있어서 요긴한 처세임을 다시 한 번 명심할 필요가 있다. 관용이란 인생 성공의 숨어있는 큰 덕목이 될 수 있다.

## ❻ 선배 손기정(孫基禎)과의 회상(回想)

손기정 옹은 나의 모교인 양정고교 대선배로 우리나라뿐만 아니라 세계적인 마라톤선수로서 그 명성이 높은 분이었다. 1936년 독일 베를린올림픽 마라톤에서 우승한 사람이다. 손 선배가 출전했던 그 당시는 우리나라가 일제日帝시대였기에 가슴에 일본국기인 일장기를 달고 우승하였는데 그것을 평생 한탄스러워했다. 그는 비록 체육선수였으나 민족정기에 대한 자존심이 남달랐다. 그가 마라톤에 우승하고 나서 머리에 월계관을 썼을 때 얼마나 가슴이 쓰리고 비분의 눈물을 흘렸을까 짐작이 간다.

손 선배와의 인연은 1981년으로 거슬러 올라간다. 박정희 정권이 무너지고 민정당이 창설되었을 때의 일이다. 나는 그 당시 대우그룹 협력업체 사장으로 있었으며 당에서는 민정당 창당 준비위원과 중앙운영위원 이념연구실 책임을 맡고 있었다.

그때 그 시절 서울 을지로에 있는 내 사무실에 손 선배는 매일같이 들릴 정도였다. 하루는 모교체육선생과 함께 내 사무실에 찾아와 나에게 물었다. "김 형, 일본에 있는 나를 누가 한국으로 오라고 했는지 도무지 모르겠으니 그 경로와 사유를 알아봐 달라"는 것이었다. 백방으로 알아보았으나 그 당시로는 누가 손 선배에게 전보를 발신하였는지 알 수가 없었다.

그러나 민정당에서 귀국전보를 보낸 것만은 분명하였다.

나는 손 선배에게 말하기를 "손 선배! 그렇게 속 썩지 말고 서울 종로에서 민정당 중진인 R씨가 국회의원 출마를 하니 우리가 현장에서 선거운동을 하는 것이 어떠냐."고 하자 흔쾌히 승낙이 되어 그날부터 수개월간 줄곧 민정당 후보자를 위해 먼지를 뒤집어쓰고 현장을 다녔다. 선거운동이라야 후보연설장에 일일이 따라다니며 후보자 앞에 있는 유권자들에게 손 선배의 모습을 보여주는 일이었다.

손 선배는 내심 선거가 끝나면 국회의원 전국구 후보에 체육계의 유명인사인 손기정 옹을 공천해줄 것이 아닌가하고 기대를 걸고 있었다.

손 선배는 어느 모로 보나 정직하고 순수한 인상을 주는바 체육인으로 그의 공적 때문에 높은 존경을 받는 분이었다.

마침내 국회의원 후보자 공천이 임박해왔다.

이 무렵, 대한체육회에서는 전국체육인이 모이는 행사가 있었는데 그날 오후 마침 리셉션이 있었기에 손 선배도 이 자리에 참석하고 있었다. 그날 때마침 라디오에서 민정당 전국구 비례대표 후보자의 명단이 발표하는 순간이었다. 방송이 끝날 때까지 손 선배의 이름은 들려오지 않았다.

그날 현장에서 손 선배는 갑자기 졸도하였다. 동료 체육인들이 손 선배를 등에 업고 인근병원 응급실로 입원시켰다. 이런 일이 있은 후 손 선배는 아주 수척해진 모습을 보이기 시작하였다. 단지 체육계를 대표하여 민정당에서는

대구경북에 있는 의사 겸 체육계 인사인 K씨를 지명 공천했다.

손 선배는 계속 나에게 자신에게 전보를 보낸 장본인이 누구인지를 알려달라고 부탁해왔다. 그러나 수소문했지만 알 길이 없었다. 한참 시간이 흐른 훨씬 후에야 사실 내용을 알게 되었다. 손 선배도 실망이 이만저만이 아니었다. 자신을 무엇 때문에 일본에서 서울로 오라고 하였는지 추궁했다. 자신이 형식적으로 내 세운 들러리 아니었나 하고 분노를 금하지 못했다.

이런 일이 이미 30년의 세월이 흐른 지금에 와서 새삼 이야기가 나온 것은 손기정 옹이 섭섭해 했던 당시를 회상하면, 그가 매우 섭섭해 했던 모습이 아직도 내 마음속에 선하며 그와 함께 나 역시 분노를 금하지 못했기 때문이다.

손기정 옹은 하루는 나에게 이런 말을 했다. "김 형, 내가 집안일을 말하려 한다면 밤을 새도 다 못할 정도"라며 줄줄이 나에게 하소연하였던 그때 손기정 옹의 모습에 나는 한없는 연민의 정을 금할 수가 없었다.

첫 번째 부인이 그의 곁을 떠난 후, 두 번째 부인은 손기정 옹에 대해서 참으로 헌신적이었고 여생을 함께 할 수 있는 인생의 동반자로서 그가 임종하는 순간에까지 지켜본 터였다. 손 선배를 항상 그림자처럼 일거일동을 지키며 함께했던 그의 여식이 말년에 손 선배가 세상을 떠날 때까지 일본에 거주하고 있던 아들과 함께 효자·효녀였던 것은 손 선배가 국회의원에 낙천된 쓰라린 상처를 씻어주며 그나마 그의 여생을 행복하게 만들었던 유일한 주인공이었다.

손 선배를 충분히 위로해 주지 못한 나로서는 지금 회상해 보면 다만 죄스러운 마음뿐이다. 손 선배가 세상을 떠난 지 꽤 오랜 세월이 지났으나 아직도 나는 그를 잊지 못하고 있는 사람 중 한사람이 되었다.

## ❼ 저 사람의 마음을 누가 알겠는 가

우리들의 속담에 '열길 물속은 알아도 사람의 마음속은 알 길이 없다'는 말이 있다. 아무리 가깝게 식사를 함께하는 사이 일지라도 갑작스럽게 살인을 저지른다는 실례는 얼마든지 있다. 그렇기 때문에 잠시 후에 벌어질 상대방 사람의 마음은 감지할 수가 없다는 것이다.

사람의 마음이란 하루에 열 두 번씩 변질되는 것이 인지상정인 것이다. 사랑에서 미움으로 의 변동이 수시로 변한다는 것이다.

사람의 평상시 생활은 수없이 사람을 대하며 대화를 나누어야 되는 것이다. 오늘날처럼 경쟁력이 심하고 이해관계에 따라 조석으로 변해가는 서글픈 세상을 탓하기 전에, 불우한 시대에 사는 우리들의 숙명을 스스로 자위해야 할 것이다.

마음의 기폭이 심한 우리들의 삶을 진정시키는 길은 자신이 먼저 쌓아둔 교양의 척도에서 찾을 수 있다. 관대하고 관용을 베풀 수 있는 능력을 가진 사람은 언제나 상대방에게 따뜻한 감정을 제공할 수 있는 넓은 아량의 소유자이다. 사람의 마음을 읽을 수 있고 상대방과 원만한 대화를 할 수 있는 교양이 있는 것이다.

상대방의 마음을 잘 이해할 수 있는 사람이야 말로 초기의 목적을 달성할 수가 있는 법이다. 불교에서 말하는 자비로운 마음이나 기독교에서 말하는 사랑하는 마음도 상대방의 마음을 먼저 잘 헤아릴 수 있어야 포교나 전도를 실행할 수 있다는 것은 가장 기본적인 과제인 것이다.

한 가정에서 살을 맞대고 사는 부부간에나 친구를 만나는 데 있어서 또는

직장에서 동료 간이나 선배, 후배들 간에도 이같이 마음을 헤아려야 한다는 것은 참으로 일상생활에서 중요한 심리적 과제다.

무엇일지라도 자신의 마음부터 다스릴 줄 알아야하며 다음에 자신과 이방인들과의 접촉에서도 제일 먼저 신경 써야 할 기본 과제인 것이다.

상대방 사람의 마음을 헤아릴 줄 모르는 사람이 어찌 사회적 생활을 유지할 수 있겠는가. 상대방과 불쾌한 상태에서 대화를 나눈다는 것은 가급적 피해야한다. 또한 상대방이 너무나 흥분된 상태에서 이야기를 시작하는 것 역시 삼가해야할 문제이다.

우리가 사람을 믿는다든가, 불신한다든가 하는 문제는 모두가 사람들의 마음속에서 나오는 감정인 것이다. 백번 잘했다가도 한번을 실망시킨다면 먼저의 공은 허사로 돌아가는 것이 사람의 마음인 것이다.

사람을 천대한다든가 또는 살인까지 저지르는 경우도 모두가 마음속의 감정에서 우러나오는 순간의 격분에서 일어나는 현상인 것이다. 우리는 한시도 마음 놓고 살 수 없는 것이 사람들의 위험한 마음이다.

국가나 사회 그리고 가정에서 사람들은 상대방을 어떻게 만족스럽게 할 수 있는 것일까. 사람들의 믿음을 채울 수 없는 것이 또한 부단히 변할 수 있는 사람의 마음인 것이다.

하나님께서는 사람의 마음을 언제나 요동할 수 있게 만드셨다. 한 곳에 멈추고 잠들게 함이 아니고 하루 24시간 움직이게 만드셨다. 잠자는 시간에도 우리는 꿈속에서 부단한 마음을 갖게 만든 것이 조물주의 절대적인 섭리다.

사람의 마음을 진정시키기 위해 명상이나 좌선하는 시간만큼은 마음을 비울 수 있는 최고의 순간인 것이다.

부처님 곁에서 좌선 하는 스님이나 기도원에서 기도하고 또 기도하는 수도사들의 모습은 참으로 존경스런 모습인 것이다.

## ❽ 고독과 싸우는 사람들

나이 들어 혼자서 살다가 쓸쓸히 죽어가는 사람들이 세상엔 너무나 많다. 이웃나라 일본엔 혼자서 죽어가는 노인들이 연간 3만 2천명에 이른다고 한다. 이런 사람의 죽음을 독고사라고 한다.

우리나라에도 혼자서 죽음을 맞는 노인이 전국에 2백만 명에 육박하고 있다한다. 고독하게 사는 동안 누구 한사람 돌보는 이 없이 외롭게 생을 마치는 서글픈 일이 얼마든지 있다.

이처럼 고령자가 되어 고독과 싸우는 사람은 비단 노인층에만 있는 것이 아니라 아예 젊어서부터 고독한 직업을 갖고 사는 사람들도 많은 것이다. 길모퉁이의 한 평 남짓한 골방에서 한쪽 눈에 현미경을 쓰고 시계를 수리해주며 사는 사람들도 세상엔 많다.

모두가 고독한 사람들이다.

자신의 작은 직업을 못 버리고 평생을 혼자서 입에 풀칠하는 사람은 그야말로 고독하기 이를 데 없다.

이밖에 고독과 싸우며 사는 사람들이 또 있다.

혼자서 고객의 양복을 주문받으며 옷감을 재단하고 양복을 완성시키는 사람, 열쇠고리 고치는 열쇠공, 길에서 포장마차를 열며 소주와 안주를 혼자서 팔고 있는 사람, 골목길에서 어린이들을 상대로 붕어빵이나 풀빵을 파는 사람 혹은 호두빵 비슷한 빵을 파는 사람들, 사람의 이름을 새기는 도장 파는 사람들, 빗자루나 간단한 철제품으로 가위나 식칼 등을 팔고 다니는 사람들 모두가 혼자서 고독하게 목숨을 부지하고 사는 사람들이다.

고독과 싸우다 쓸쓸히 죽는 사람들은 이밖에도 수없이, 아주 말할 수 없이 많다.

길바닥이나 골방에서 사주관상을 보는 사람들, 점치는 사람들, 세탁소나 이발소에서 평생 사람 오기를 기다리며 고독하게 사는 사람들이 있다. 어쩔 수 없이 한 사람, 한 직업으로 고독을 씹으며 살아가는 사람들이 많은 것이다.

무대에서 요란스레 공연을 마치고 돌아가는 사람의 고독감은 또 어떤 것인가. 고독은 사람을 비참하게 만드는 것이 아니고 오히려 사람을 사람답게 만드는데 필요하고 요긴한 존재인 것이다. 어떻게 보면 고독과 더불어 사는 직업이란 그 사람들이 간직하고 있는 사람들과의 유일한 통로인 것이다. 평생에 글을 쓰며 사색하고 또 편집하고 추고하며 가필하는 과정에서 얼마나 큰 고독감을 느끼겠는가.

허구한 날, 하루 종일 좌선하거나 또는 기도원에서 기도하는 수도사 모두가 속세와 괴별하고 주야의 세계에서 고독의 정상에 서서 절정을 이루며 사는 위대한 사람들인 것이다.

이제 고독의 참뜻을 깨우치고 고독의 본질을 익힌다면 인생을 한결 한 단계 높은 경지에서 인생을 조화롭게 조감해 나가는 사람이 될 것이다.

눈물 젖은 빵을 먹지 않은 자 인생을 논의할 자격이 없다고 옛날 어느 선철이 말했다. 고독이야 말로 우리들의 진정한 벗이며 스승이 될 수도 있는 것이다. 우리는 고독사하는 자의 처지를 이상한 시각으로 천대시해서는 아니 된다. 고독을 씹으며 고독을 느끼며, 이에서 우러나오는 인생의 참뜻을 한 달음씩 익혀나가는데서 삶의 참뜻을 발견하는 것이다.

고독사의 경우가 그렇거니와 평생 고독과 씨름하며 고독한 직업을 소유한 사람은 그들 나름대로 살아가는 긍지와 자존심을 견지하고 있는 것이다.

## ❾ 죽음이란 무엇이냐고 묻는다면

요즘 세상은 죽음이 하도 신문, 잡지 그리고 TV 등에 오르내리고 하여 흔해 빠진 불상사로 여기는 때가 되었다.

어제까지도 담소를 나누고 함께 차를 마시고 식사를 나누던 친구가 갑자기 세상을 떠났다는 비보를 접하게 된다. 신체상의 갑작스런 질병으로 급사하는가하면 교통사고나 물 사고와 불사고로 사망하게 된다. 그런가 하면 원한에 의해 피살되거나 생활고를 비관하여 자살하는 경우도 적지 않다. 자살사고는 OECD국가 중에서도 우리나라가 1위를 점하고 있다.

이 같은 사고는 타살 또는 자살 중 자연사를 앞질러 죽어가는 것이다. 사람의 생명이 이처럼 허무하게 죽어가는 것이 얼마나 슬픈 일인가. 그렇지만 이 죽음에 관해 평상시엔 우리가 그리 심각하게 여기지 않는 습성이 있다. 죽음이란 무엇이냐고 그리 깊이 생각할 겨를도 없을뿐더러 이놈의 세상 오늘 살다가 내일 죽으면 그만이지 하고, 자학하고 한탄하는 사람도 적지는 않다. 그만큼 사람들의 삶이 고달픈 것인지, 시대가 불우한 것인지 아니면 이 세상이 아예 인색한 것인지, 사람들이 무릇 삶에 애착이 없는 것인지, 어쨌든 도대체 죽음이란 무엇이냐고 한 번쯤은 진지하게 생각하고 통찰해야 한다고 하면 오히려 정신병 환자로 취급당하기 일쑤다.

죽음이란 무엇인가. 죽음이란 생명줄이 끊기고 세상과 하직한다는 것이다. 그저 담담하게 생각하는 것이 죽음이 아니냐고 반문할지 모른다. 그러나 죽음의 의미를 한 단계 넘어 죽음이란 죽는 것이 아니고 다시 새로운 세계로 향하는 삶이라하여 고차원의 관념 속에 돌입하면 한결 고민은 덜어질 것이다. 신神을 마음속에 두고 모든 것을 신에게 의지하는 경지에 도달하면 더욱 마음은 통일되어가는 것이다.

인생의 오지奧地로 몰입한다면 이미 상당한 경지에 도달한 것이라 할 수 있다.

하나님의 독생자인 예수 그리스도나 천상천하 유아독존이라 하는 부처와 같은 신을 믿으며 이에 안주한다는 것은 이미 죽음의 개념을 초월한 현세가 아닌 영생을 믿고 있는 사람들이다. 그러나 세상의 무신론자들은 이 같은 개념을 져버리고 자신의 어떤 권력이나 돈과 같은 재물을 내세워 신의 존재를 부인하고 있다. 지상에서 다만 부귀영화를 누리다 생을 마감하면 그것으로 족하다고 여기는 사람들이다. 신을 믿거나 말거나, 신은 이 세상에 존재하지 않는다는 편협한 사상과 사고를 견지한 사람들은 죽음의 깊은 의미를 무시하는 것이다. 그러나 사람들은 위급한 사항에 처하게 되면 거의 무의식적으로 이 세상의 창조자인 하나님을 찾게 되는 것은 무엇을 의미하는 것인가.

이처럼 원점과 종점을 구분 못하는 천박한 사람들에겐 죽음의 의미가 그리 중요하다 하지 않을 것이다. 19세기 독일의 철학자 니체는 젊었을 때 한때 초인超人사상을 펴서 신은 죽었다고 하여 세상을 놀라게 한 일이 있다. 사람의 힘으로 무엇이든지 해낼 수 있다고 하였으나 그도 죽음에 임박해서는 결국 신으로 돌아왔다는 유명한 이야기이다.

죽음을 공포의 대상으로 여기지 말고 좀 더 진지하게 한 번쯤은 깊이 통찰하는 노력과 연구가 필요하다.

죽음을 너무 무모한 가치로 보지 말아야 할 여지가 있어야 하겠다.

## ⑩ 참 나를 발견해보라

참다운 나를 발견해 본다는 것은 얼핏 형이상학形而上學에서 나오는 고전적인 철학이야기처럼 느껴진다.

자아성찰을 통해서 나는 누구인가를 깨닫는 다는 것은 쉬운 듯하면서도 사실상 어려운 인생문답에 속하는 듯하다. 우리가 일상생활에서 남의 허물은 지적할 수 있어도 자신에 관한 허물은 좀처럼 발견해 내기가 어려운 것이다.

수도원에서의 수도사나 불교에서의 스님의 선禪 세계는 속세를 떠나서 모든 욕심을 버리고 무아지경에 도달했을 때, 이것이 진정으로 자아를 성찰할 수 있는 경지에 들어섰다고 할 수 있는 것이다.

진정한 의미에서의 나를 발견하고 자아의 세계를 성찰한다는 것은 웬만한 속세의 인간에게서는 자아를 깨닫는 다는 것이 매우 어려운 과제에 속하는 것이다. 속된 말로 먹고 살기위해서 하루의 온 시간이 분주하게 지나다 보면 일주일이 이미 코앞에 닿게 되고, 한 달 30일 아니 1년의 시간을 화살처럼 보내고 나면 새삼스럽게 나를 성토하고 성찰한다는 것은 그리 쉬운 일은 아닌 것이다. 하루 중에 단 10분만이라도 스스로 명상의 시간을 갖고 자신의 생활을 반성하며, 또 내일의 일을 구상한다는 겨를이 어디 있겠는가.

학문을 탐구하는 철학자가 아닌 바에야 어찌 인생을 살아가는 심오한 면을 꼼꼼히 살펴볼 수 있겠는가. 그것은 오늘날 삶에 지친 현대인이 자신을 어루만지며 자신을 알아본다는 생각이, 시간의 질주에서 하루하루를 무모하게 지내야한다는 숙명에 사로잡혀 있다고 생각하는 것과 같다.

오늘처럼 생존을 위한 경쟁에서 자신을 돌아본다는 것은 한낱 허울 좋은 철학적 과제에 억눌려 있는 느낌이다.

자신의 정신적인 내면세계를 진지하게 성찰함으로써 인생을 좀 더 풍요롭

게 그리고 가치 있게 살핀다는 것은 듣기만 하여도 매우 지혜로운 것이다.

이 같은 과제는 한 가정을 이루고 있는 사람으로서 부부간의 도의적인 면이나 부모의 자식을 위한 교육, 나아가서는 사회적인 접촉에서도 매우 유익한 것이다. 인생을 살아가는 데 올바른 가치관을 갖고 살아간다는 것은 우리들의 이상이며 삶의 질을 한층 높이는데 절대로 필요한 문제인 것이다. 나라는 사람이 사회의 일원으로서 건실한 인격과 처세로 우리 모두의 생활을 원만하게 엮어 나갈 수가 있는 것이다. 무지몽매한 삶의 틀에서 벗어나지 못한 인간의 집단이야 말로 매우 위험한 집단임은 두말할 나위가 없다.

사회의 실정법에서 벗어난다하여도 인간 도의의 세계에서 인간의 기본을 망각하거나 상실한 사람에게서 무엇을 바라겠는가.

이 같은 문제를 풀기위해서는 무엇보다도 각 가정에서의 규범도 중요하겠으나 일정기간동안 교육기관에서 인간의 참교육을 받는 것이 중요하다.

자신의 번뇌에서 해탈하지 못하고 자신들의 지나친 이익이나 과욕을 버리지 못한다면, 자신의 관용과 이해 그리고 용서의 아량을 베풀 수 있을 것인가.

자아를 성찰하고 참 자아를 깨닫는 다는 것은 역시 뼈아픈 고행의 시간을 가지는 자만이 이룩할 수 있는 과제라 할 것이다.

# 제2장

# 고행

## ❶ 가을은 왜 우리에게 슬픈 건가

가을은 우리에게 슬픈 계절이다. 왜냐하면 뭇 남녀들이 그 붉은 단풍잎 아래에서 맥없이 떨어져가는 이파리를 보지 않을 수 없기 때문이다. 어디 그 뿐인가, 그처럼 시퍼랬던 나무들도 한 계절 성찬을 자랑하던 끝에 가서는 결국 시들어가기 때문이다. 사람들도 땀 흘리던 한 여름이 지나면 몸속의 온기는 차츰 사라지고 그렇게도 씩씩거리던 머릿속의 활기도 냉랭해 지는 것이다. 지상의 모든 삼라만상은 또다시 겨울철 찬바람을 맞을 준비를 서둘러야 한다.

우리가 봄이나 여름 그리고 겨울의 여신이란 말을 들어본 적이 있는가. 가을의 여신만이 우뚝 서있는 것이다. 가을의 여신은 사람들에게 어딘지 모르게 서글픈 감정 속에서 고통과 회한과 냉기를 안겨다준다. 그렇지만 때로는 사람들이 가을을 그처럼 동경하고 그리워하는 것은 자신의 운명을 가다듬고 산다고 하는 것에 대해 또다시 명상의 시간을 가져다주기 때문이다.

그렇다면 어느 누가 가을을 저주하고 가을을 마다하겠는가. 가을이 되면 한나절 하늘만이 높은 것이 아니라 밤이 되어 그 무수한 별들이 저마다 빛을

내며 우리들 가슴속에 다가오며 아무리해도 이해할 수 없는 어떤 신비감을 가져다주기 때문이다.

그것은 애처롭다 못해 슬픈 감성이 엄습해 오는 것이다.

어느 덧 찬바람이 일자 저 높은 하늘에 일렬로 떼 지어 가는 기러기들을 보노라면 가을을 실감하게 한다. 싸늘한 바람소리에 사람들은 벌써 두툼한 옷차림으로 변신한다. 그러면서 사람들은 제대로 옷맵시를 자랑하게 된다. 환경과 기후 탓으로 사람들은 비로소 제 모습을 자랑하게 된다. 그것은 제 멋을 풍기고 얼굴에서 정색을 발견할 수 있게 된다.

그것은 거짓이 깃든 웃음보다도 진실을 나타내는 슬픔이 있어서 살맛이 난다고 하는 것이 아닐까.

가을이 알맞은 계절이라 하는 것은 그리 덥지도 않고 그렇다고 춥지도 않은 그런 계절이기 때문이다. 일 년 중 어린아이들이 웃고 잘 노는 것은 선선한 계절에 배부르기 때문이다. 그러나 어린아이들이 울음보를 터트리는 것은 차갑고 배고파서 울부짖는 것이 아닐까.

가을이 결실의 계절이라지만 풍성한 수확이 제대로 이루어지지 않을 때에는 사람들도 배고프고 고달픔에 더 한 층 슬픔이 솟구치는 것이다.

가을은 왜 우리에게 슬픈 계절인 것인가. 돈이 풍족한 사람일수록 인색하고 돈 없는 사람이라야 배고픈 사람의 심정을 더 헤아릴 수 있는 것이 세상의 물정인 것이니 대체로 여름철이 막 지나고 가을철에 접어들면서 생을 마감하는 사람이 많아지는 현상은 어떻게 설명할 수 있을까.

가을밤 달이 유난히 밝은 날엔 사람들의 마음도 자연 외로워지며, 어딘지 모르게 슬픈 생각이 드는 것은 가을이라는 계절 탓이 큰 것이 아닐까. 가을이 되면 왠지 모르게 사람들의 품속이 그리워지는 것도 계절 탓인지 모를 일이다. 사람들에게 예부터 내려오는 계절의 감성도 바로 이런 것이리라.

우리가 한가위 추석 상을 차리고 추석을 설날보다 더 귀한 명절로 여기는 것은 조상을 경배하는 계절이 바로 선선한 가을날에 있음이 오랜 세월 지내 온 미풍양속에 담겨있기 때문이다.

가을을 맞고서야 비로소 사람을 생각하게 만드는 계절이라는 의미가 여기에 있는 것이다. 가을 어느 날 밤 많은 사람들은 잃고 난 어버이를 비로소 그리워한다는 말이 있다. 어버이를 저 세상으로 보내고 나서야 지난날 병들어 죽어간 어버이에 대한 그리움과 눈물과 슬픔을 되새기는 것이다.

하필이면 왜 가을인가, 겨울철 추위를 겨우 이겨낸 끝에는 분주히 봄철을 맞으나 봄에는 꽃들을 보느라 정신이 없었으니 꽃들이 시들어진 연후에는 한여름의 더위를 겨우 견디다 못하다가 성큼 가을을 맞게 되니 어찌 어버이를 생각할 겨를이 있었겠는가.

가을에 가서야 뭇사람들은 제정신을 차리게 되니 가을이 참으로 계절의 여왕으로 군림하게 되는 연유가 바로 여기에 있는 것이리라. 세상 살아가는 이치나 변화무쌍한 자연의 법칙도 모두가 가을에 가서야 정돈이 되는 법이다.

어렵게라도 가을의 참뜻을 조금이나마 음미하게 만들며 가을이 우리에게 주는 슬픔이 진정으로 무엇을 의미하는 것인지, 그리고 잠시나마 우리들을 되돌아보게 되고 살아가게 만드는 원동력이 무엇인지 깨닫게 되는 것이 아닐까. 가을이야 말로 일 년 중 가장 소중한 계절이며 우리가 가장 사람을 그리워하는 계절임을 깨닫게 만든다.

## ❷흐르는 개울가에서

시냇물이 졸졸 흐르는 개울가에 앉아서 나는 삶의 단조로움에 지치면서, 또 한편 삶의 깊은 뜻을 새기면서 한동안 흐르는 물을 쳐다보며 내가 여태껏 걸어온 길과 앞으로 걸어야 할 길을 곰곰이 관조해 보는 때가 있다.

그 옛날 일본의 한 청년은 인생불가해人生不可解라 하여 '가겐 폭포'에서 스스로 떨어져 자살한 일이 있었다. 나는 매일을 살면서 세상엔 불가사의 한 일이 너무나 많다는 것을 느끼고 내 자신이 종종 우울증에 걸리는 때가 있다.

한 평생을 살아가는 동안 아무리 최선을 다한다 해도 앞을 가로막는 장애물이 너무나 많다. 인간의 원천적인 운명과 사회에서 불어 닥치는 시시각각의 환경변화가 사람을 곤두박질치게 하는 것이다.

인간의 힘으론 어찌할 수 없는 천재天災나 사람의 실수로 저지르는 인재人災 등이 사람의 행로行路를 순탄하지 못하게 만들고 있다.

한 가정에서의 부모와 자식 간의 관계, 사람과 사람이 부딪히는 사회의 인간관계는 모두가 부담스럽기만 하다. 끝이 보이지 않아 매우 고심스런 것이다. 저 흐르는 물처럼 순조롭게 흐르면 얼마나 좋으련마는 세상일은 그렇지 못한 것이 예사인 것이다.

옛날 선배 제현들이 겪은 인생행로가 다 그런 것이리라. 그러나 인생을 짧다고 하면서도 짧지 않은 것이 옳은 답이 될 수도 있다. 질병으로 교통사고로, 갑작스럽게 돌연사를 당하는 사람도 적지 않다. 이 같은 현실의 비애를 목도하면서 그럭저럭 나는 80을 넘은 고령자가 되어버렸다. 먼저 세상 떠난 동료들에 비하면 남들이 볼 때 행복한 것으로 여기는 경우도 있다. 그러니 단순히 나이만 먹는다 해서 자랑스러운 것은 아니다.

우리가 흔히 거리를 거닐 때 젊은이들의 활기찬 모습을 보노라면 부러운 때가 많다. 역시 젊은이들은 보기가 좋다. 유년과 소년, 그리고 장년과 노년을 거치는 동안 사람들에게 닥치는 풍파는 얼마나 많은가. 젊은이들은 희망과 미래가 있어서 좋은 것이다. 꿈을 펴지 못하고 불의의 사고로 요절하는 경우도 있겠으나, 그 험난한 산을 넘고 세찬 강물을 건너는 동안 잡다한 장애물을 다 극복하면서 마지막 종착역을 무사히 골인할 수만 있다면 이 얼마나 행복한 일인가. 인생은 의지의 싸움이고 신념의 싸움인 것이다. 하루하루 귀중한 체험이 이 모든 난관을 헤쳐 나갈 수 있는 힘이 되는 것이다.

지나온 세월을 돌이켜보면 살기 좋다는 자본주의 사회에서는 자유로운 세상에서 운 좋게 재물을 취득하고 여기서 나오는 돈의 위세가 사람 사는 힘이 되고 있는 것은 사실이다.

그러나 인생을 그렇게 돈만 가지고 살지 말라는 선배들의 조언이나 충고도 귀중한 체험의 하나이겠으나, 그래도 돈의 위력 앞에서는 머리 숙이고 사는 방법이 현실인데서 인간의 고민은 적지 않다. 돈을 개처럼 벌고 정승처럼 쓰라는 격언이 있지만 이를 실천하지 못하는 것이 우리의 한탄스런 일이다.

가진 사람과 가지지 못한 사람의 사회적 계층은 사람들을 무척 초라하게 만들고 있다.

돈으로 치부한 오만한 계층과 돈을 모으지 못한 빈곤층간의 갈등은 사람들을 한없이 슬프고 힘들게 만들고 있다. 돈이란 사람을 기쁘게 만들기도 하나 반면에 사람을 추하게 만드는 마력을 지니고 있다.

돈이란 너무 지나친 욕심을 부리고 도를 넘어 적절한 선에 만족하지 않노라면 도리어 화를 입는 것이니, 돈에 대한 과욕을 자제하고 사람들과 되도록 즐거운 대화를 나누면서 인생을 원만하게 운영하는 것을 매일의 생활이 철학이요 평생의 이상으로 삼아야 할 것이다.

## ❸ 운명을 생각할 때마다

사람의 운명이란 기기묘묘한 것이다. 사람들의 얼굴모양이 제각기 다른 것처럼 사람들의 운명도 가지각색이다. 비단 운명론자의 한탄을 빌리지 않더라도 사람들은 저마다 운명을 한탄할 때가 있다.

흔히 운명이란 속된 말로 팔자라고도 한다. 왜 이다지도 내 팔자가 기구한 것이냐고 신세타령할 때가 있다. 각자가 자신들의 인생행로가 잘 풀릴 적엔 사주팔자가 좋아서 돈도 벌고 출세도 하는 줄로 알고 있다. 그러나 어떤 사람은 마음먹었던 대로 일이 잘 풀리지 않는 경우엔 팔자가 사나워서 잘 되는 일이 없다고 하는 것이다. 운명이란 무엇인가. 평생을 지내는 동안 운명을 저주하고 운명이란 헛것이라고 생각하면서도 운명을 마다 할 수 없는 것이 바로 운명인 것이다. 운명을 운위하는 것은 점쟁이나 사주관성을 보는 관상쟁이의 점유물이 아닌 것이다.

흔히 사람들이 자신의 신변을 한탄할 때마다 운명을 생각하면서 사람들이 저마다 숨겨진 생활의 한 단면이 되고 있는 사실을 외면만 할 수 없는 노릇이다.

자고로 사람의 운명을 누가 말하기 시작 했는지는 모른다. 운명, 운명하는 것은 무식한 사람의 소견에서 나오는 신세타령으로만 여기는 일은 안 된다. 요즘 권력을 가진 위정자들이나 지식인들까지도 자신의 운명을 점치는데 한몫을 하고 있는 것이 사실인데 어떻게 하겠는가. 자신의 운명을 가름한다는 것은 참으로 어려운 일이다.

어느 운명론자는 평생 동안 운명을 저주하다 결국에 가서는 되는 일없이 죽음을 모면할 수가 없다고 자신을 학대하는 사례가 세상엔 흔하다. 그러나 운명을 개척한다고 하는 말도 있거니와 자신의 노력여하에 따라서는 운명을 극복하고 성공의 길로 진입하는 사람도 있는 것이다.

어쨌든 운명이란 말은 매우 얄궂은 말인 것이다. 그렇기 때문에 운명에 기댈 것이 아니라 스스로 운명을 정복하고 운명을 조율할 수 있는 슬기로운 사람이 바람직한 사람이다. 자신의 운명은 이미 정해진 것이니 그저 운명에 매달릴 것이 아니라 운명을 조정할 수 있는 운명의 창조자가 되어야 할 것이 아닌가. 운명이 무엇이더냐, 운명이란 도깨비의 장난인 것이니 그러한 도깨비를 물리치는 것이야 말로 바로 운명을 개척하는 일이다.

세상엔 인생의 비관론자만이 운명에 치우치는 것이 아니라 인생을 매양 긍정적으로 받아들이는 사람조차도 자신의 운명에 대해서만은 지대한 관심을 가지는 경향이 있다. 그만큼 오늘과 같이 사회가 복잡하고 사회가 혼란스런 때일수록 운명의 여신은 웃음을 가져다주는 것이 아니고 슬픔을 이기지 못하는 사람들에게 더욱 가세를 부리는 것이다.

사람들이여! 운명의 여신을 정문에서 물리치고 탄탄대로를 활보하며 정정당당하게 운명을 이기는 승리자가 되어라. 운명이란 한낱 저주의 그림자일 뿐이다. 운명을 박차고 운명을 박살내는 용감한 인생을 쟁취하라. 그리하여 인생 승리의 월계관을 쓰라.

## ❹ 살아 있다는 것이 기적

요즘은 살고 있다는 그 자체가 기적인 것처럼 생각되는 때가 많은 것이다. 자고로 전란이 심했던 우리나라가 또 다시 남북한이 대치하고 있다는 자체가 마음에 걸린다.

다음은 나라 안이 언제나 소란스럽고 사회가 혼란스럽다는 데 마음이 평안하지 못하다. 이런 판국에 하나님만을 섬기며 산다는 것이 너무나 힘든 것이 아니냐하는 것이다.

옛날 초등학교 졸업시절엔 일본이 망한다고 하여 어린 시절에도 혼미하고 평화스런 환경을 누리지 못한 것이 사실이다. 그런가 하면 고등학교를 졸업하는 해엔 6.25라고 하는 엄청난 전쟁바람이 몸에 부딪히면서, 산다고 하는 것이 이처럼 힘겨운 것이구나 하는 고통을 겪으며 살아왔다.

전쟁 통에 가족 한 사람을 포탄에 잃고 내 자신도 죽을 고비를 여러 번 넘기면서 생명에 대한 불안한 생각이 드는 때가 한 두 번이 아니었다.

불우한 시대, 불운한 사회에 태어나 항상 마음을 평안한 상태에서 가라앉히고 살아본 적이 없다. 왜냐하면 왜 이같이 복잡다단한 때에 태어나 살게 되었느냐 하는 인생에 대한 회의가 내 마음을 항상 두들기며 지배하고 있었다. 주일에 교회에 나가서도 마음이 안정되지 못하고 가정에 돌아와도 행복한 순간이란 흔치 않았다.

나이 80고개를 넘을 때까지 참으로 살아있다는 것이 기적처럼 느껴진다. 이 좁은 땅위엔 어딜 가나 사람 많기론 인산인해고 사회진출에선 사생결단하지 않고서는 앞으로 나갈 수 없는 사회가 되었다. 그리고 가정생활이나 사회생활에서 그 고난이 얼마나 극심한 것인지 어느 때는 삶의 의지가 꺾기고 생명을 포기하려는 불안감이 엄습해올 때도 있다. 우리사회는 생활고에 시달리다 급기야 자살을 기도하는 사람이 하루에 몇 십 명을 헤아린다. 아시아 개발 국가 중에서도 1위를 점하고 있다.

열악한 환경과 극심한 빈곤 속에서 많은 사람이 삶을 자포자기한 경우가 적지 않다는 것이다.

이 같은 비운을 헤치고 살아남는 사람이야 말로 기적을 낳는 사람일 것이다. 좌절과 절망 속에서 꿈을 잃지 않고 살아남은 사람이 얼마나 될 것인지 궁금하다. 온갖 사회적 풍파를 겪으면서 목숨을 부지하고 이제 인생 80을 넘겼으니 그 자체가 이미 기적을 이룩한 것이 아니고 무엇이겠는가. 하룻밤을 지내면서 밤새 안녕하셨느냐고 안부를 묻는 인사가 무엇을 의미하는 것인지 짐작이 간다. 80이 지나 90을 바라보는 나이는 이미 최고령에 속한다. 60이나 70나이를 갖고 고령이라 부르는 것은 민망한 것이다. 고령자에겐 세상 풍진 다 겪은 눈물어린 고난의 역정이 있는 것이다. 이에 상당한 응분의 혜택을 받지 못하고 있는 현실이 매우 서글플 뿐이다.

고령의 나이가 되도록 생명을 부지하게 된 것은 오로지 하나님의 은총과 보호가 있기 때문이다. 하나님의 축복 가운데 기적은 이루어지는 것이니 우리는 항상 하나님께 감사하는 마음을 잊지 말아야 한다.

사람들의 생활이 나날이 궁핍해지고 있으니 우리의 희망과 꿈도 사라지고 나라의 미래도 암담해지는 것이 아니겠는가. 목숨을 부지하고 삶을 유지하여 살아남는 다는 것은 기적이상의 고통스러운 일이다.

## ❺ 사랑의 전도사가 되자

우리가 사람을 대할 때 미워하지 말고 서로 사랑하며 살아가야 한다는 말씀은 이 땅 위에 모든 사람들에게 내려진 하나님의 큰 계율戒律이 아니던가.

성경말씀에 "화평케 하는 자들은 화평으로 심어 이의 열매를 거두리라"라고 소담한 구절이 있다. 세상 사람들 중에는 이 성경 말씀을 외면하고 그저 반

목과 증오로 치닫는 사람이 있다. 반목은 불신을 낳을 뿐 아니라 끝내 단절을 가져오게 만든다. 이 얼마나 죄스러운 일인가.

성경 말씀에 "미움은 다툼을 일으켜도 사랑은 모든 허물을 가리리라"라는 귀한 말씀이 있다. 사람을 미워할수록 더욱 오해와 의심을 사게 마련이다. 사람들을 시기하고 헐뜯기보다 용서하고 칭찬해 줄 수만 있다면 사람들 가슴마다 자비와 사랑이 샘솟지 않겠는가.

사랑을 실천하는 덕목으로 화합과 관용 그리고 정직과 겸손을 들 수 있다. 화합과 관용은 사람들을 긍정적으로 이끌어 갈 것이며, 사람들의 거칠고 험난한 마음속을 누그러지고 평화롭게 만들 것이다. 정직과 겸손을 통해 우리는 환란의 마지막 종착역에서 승리자의 면류관을 써보지 않으려는가.

성경말씀에 "정직한 자의 선심은 자기를 인도하거니와 사특한 자의 패덕은 자기를 망하게 하느니라."라고 하는 것을 통찰해보자. 우리는 정직함에서 사람의 참 미덕을 찾아낼 수 있을 것이다. 우리는 미련하고 바보와 같은 사람일지라도 정직 하나만으로도 성공을 거둔 사람을 세상에서 흔히 보아왔다. 정직은 사람을 감동시킬 성공의 제일가는 비결이다. 성경말씀에 "사람이 교만하면 낮아지게 되고 마음이 겸손하면 명예를 얻느니라."라는 말이 있다. 사람들은 자신의 지위가 높아질수록 자신도 모르게 교만해 지기 마련이다.

남의 충고를 받기 전에 자신 스스로 겸손을 유지할 수만 있다면 그 사람은 많은 사람들로부터 이미 존경을 받는 사람이 되어 있을 것이다. 그러나 흔히 사람들은 겸손이라는 덕목의 실천을 게을리 하는 바람에 자멸을 자초하는 경우가 있다. 교만은 남에게 부끄러운 일을 치를 뿐이다.

우리 모두가 사랑의 전도사가 되어 보지 않겠는가. 성경 말씀에 "새 계명을 너희에게 주노니 서로 사랑하라. 너희를 사랑한 것 같이 서로가 사랑하라"라는 말이 있다. 이 사랑의 대 명제大命題는 우리가 살아가는 동안 결코 잊어서는 아니 될 덕목인 것이다. 사랑만큼 세상에서 더 귀한 것이 있겠는가. 사랑은 모든 것을 용서할 수 있다는 데 인생의 큰 뜻을 담고 있는 것이다. 인류역사는 저 태고 때부터 지금까지 이어오는 사랑의 역사가 아니던가. 사랑! 사랑은 모든 허물을 용서할 수 있는 최선의 방법이요, 길인 것이다.

아! 우리가 사랑의 전도사가 되어 기울어져가는 이 사회를 일으키며, 불신과 죄악 속에 떨고 있는 우리들의 형제를 하나님의 긍휼하심과 인도하심에 따라, 열성을 다해 서로가 서로를 사랑하고 또 사랑하면서 협력하며 이 사회를 평화롭게 만들자.

## ❻ 사람이 산다고 하는 철리(哲理)

사람이 산다고 하는 것은 단순한 철리가 아닌 것이다. 하루에 몇 번의 식사를 하고 밤이 되면 잠자고 나중에 화장실에 간다고 해서 산다고 하는 것은 아니다.

이 말은 매일의 생활에서 어떤 규율을 갖고 철리哲理에 따라 산다고 하는 그 이상의 의미가 있는 것이다.

사람이 가정을 거느리고 사회생활을 하며 사회와 국가를 위해서 봉사하는 데 있어서 어떤 원칙과 기준을 갖고 살아야 한다는 것이다.

무모하게 매일의 생활을 영위함은 인생이 너무나 허무하고 아무런 의미를 가지지 못한 다는 것이다.

샘이 깊을수록 맑은 물이 나오는 것처럼 사람의 생활에도 어떤 패턴이 있고 비전이 있고 리듬이 있음으로 해서 인간의 존엄성을 갖고 살아야 한다.

인간은 만물의 영장이라 하였다.

우리가 동물원에 가면 그곳에 갇혀 있는 동물들은 하나같이 공통점이 있는 것을 알 수 있다. 그것은 매일의 생활에서 똑같은 행위를 되풀이 하며 극히 단순한 동물행위를 한다는 것이다. 그들 동물의 세계는 새로움이 없으며 변함이 있을 수 없는 것이다. 다만 종족번식을 위해 짝짓기를 하며 새끼를 번식한다는 극히 원시적인 동물행위가 반복될 뿐이다.

사람은 고차원 세계에서 항상 새로운 것을 창조하며 미래를 추구하는 지혜를 갖고 있다. 여기에 인간과 동물의 차이가 있는 법이다. 사람은 왜 살아야 하냐는 문제가 발생하며 또 어떻게 살아야만 하는가 하는 철리가 수반되는 것이다. 그래서 과학 외에도 철학이라는 학문이 생기고, 사람을 사랑과 자비로 다스려야 한다는 종교가 탄생되는 것이다.

우리는 이 같은 문제가 해결되어야만 사람의 가치를 인정받게 된다. 사람과 사람의 관계와 사람이 사람을 어떻게 지배해야하는가에 따라서 인간의 가치와 존엄성을 부여받게 된다.

사람의 사회적 가치는 권력이나 재물에 따라 좌우되는 것이 아니라 사람이 산다고 하는 철리를 얼마만큼 터득했느냐에 따라 사람의 사회적 가치를 존중받게 되는 것이다.

이 같은 문제를 착각하는 데서 사회는 혼란스러워지며 매일같이 몰락의 길을 걷는 결과를 초래하는 것이다.

신의와 성실의 도를 측정하는 것도 인생의 철리를 깨닫는 범주에 속하는 것이다. 권력과 재물의 횡포로 오만과 불손을 행하는 계층은 인생의 철리를 무시하거나 망각하는 데서 발생하는 반사회적 행위를 도발한다. 경박한 사람과 자중하는 사람의 차이는 바로 이런 곳에 있는 것이다.

사람이 산다고 하는 진리眞理를 너무 가볍게 여기는 데서 가정과 사회가 실패하며 또한 진리의 해득을 너무 어렵게 생각하는 데서 인간과 사회의 관계가 더디게 되는 것이다. 일찍이 선철先哲이 밝힌 것처럼 양극을 파하여 중용의 도에서 진리를 도모하며 우리의 인간생활을 원만이 운용하는 길이 열린다.

진리는 항상 먼 곳에 있는 것이 아니고, 우리들이 숨 쉬고 있는 주변에 있는 것이니 어렵게 생각지 아니하고 잘 터득하고 익히는데 삶의 묘미가 있는 법이다. 진리의 참뜻은 과거와 현재 그리고 미래에 걸쳐 변하지 않는 것이 진리의 본질인 것이다.

따라서 진리의 본원지는 인간사회를 초월한 유일무이한 우주만물의 창조주인 하나님의 말씀에 근거를 두는 것이다.

진리란 인간사회의 최고의 가치를 지닌 것이니 인간의 양심과 도덕과 윤리, 사회 정의 문제가 대 진리大眞理의 범주에 속하는 것이다.

인간사회에서 가장 숭고한 일은 지리를 터득하며 진리를 위해 목숨 바쳐 희생하는 일이다.

## ❼ 나라에 목숨 바친 영령

아득한 1900년 초 우리나라가 일제日帝의 강점 이래 36년간 그들에게 속박되었던 암울했던 시절, 대한민국의 국권이 빼앗겼던 그 치욕의 시절, 조국광복을 위해 목숨을 바친 순국선열들, 의사들 그리고 1950년 북한의 남침으로 전쟁이 시작된 6.25전쟁 당시 조국의 자유를 수호하기위해 전쟁터에서 전사한 수많은 국군 소방관들 모두의 영령 앞에 우리는 엎드려 영혼을 위로하며 경건한 마음

으로 감사해야한다.

우리 국군은 수많은 전사자를 냈을 뿐 아니라 아직도 북한 땅에서 돌아오지 않은 전사자 14만 여구 그리고 유해를 찾았으나 유족들에게 돌아가지 못한 4만 여구의 시신이 있다. 또한 돌아오지 못한 국군포로들이 있다. 개전초기 1950년 11월 북한의 땅 함경도 장진포에서는 중공운의 기습적인 침입으로 수많은 미군이 일시에 희생된 비극적인 사건도 있었다. 그들은 대한민국의 자유와 평화를 위해 멀리 이국땅에 와서 희생된 미군전사자들이다. 참전 16개국의 전사자, 희생자들도 마찬가지다.

지금에 와서 우리가 가슴에 손을 얹고 다시금 생각하면 자유민주주의와 시장경제를 수호하는데 얼마나 많은 대가를 치렀나하는 큰 역사의 교훈을 얻은 것이다. 나라 위해 목숨 바친 영령들의 가족들은 지금도 얼마나 비통할 것인가. 그들 유족들을 어떻게 위로해야 될 것인가. 참으로 우리가 다함께 가슴아픈 일이다. 또 전쟁으로 인해 남북한에 흩어져 있는 천만 이산가족들은 어떻게 되었는가. 모두가 동족 간에 총부리를 겨누었던 민족의 큰 비극이 연출되었다.

다시는 이 땅위에 이런 사건들이 결코 재발되어서는 아니 될 것이다. 풍전등화와 같은 위기에서 자신의 몸을 초개와 같이 던져 전사 또는 순국한 사람들의 넋을 위로할 길이 없다. 이 비극적인 역사를 우리 국민들은 영원히 잊지 말고 기억해야한다. 6.25전쟁터에서 이름도 없이 사라져간 용사들도 수없이 많다. 우리가 또 한 가지 잊어선 안 되는 전투가 있다. 미국 맥아더 장군이 성공시킨 인천상륙작전이다. 만일 이 전투가 실패했다면 당시 한국전쟁과 그 판도는 어떻게 구획되었겠는가. 그리고 대구 다부동 전투에서의 혈전이 성공 못했다면 당시, 대구나 부산은 어떻게 되었겠는가 생각하면 참으로 빛나는 전투였다. 세계전쟁사에서 유례를 찾아볼 수 없는 위대한 승전보였다.

이런 사건들은 우리 국민들이 언제나 잊어서는 안 되는 역사적 사건이다.

6.25전쟁은 60년이 지났는데도 아직도 끝나지 않는 전쟁으로 남아있다. 무수한 세월이 흘렀는데도 그 통곡과 통한은 가시지 않고 있다. 살아남은 유족들의 그리움과 상처는 언제 끝날 것인가. 다시 한 번 유족들의 아픔을 되새기면서 전쟁터에서 사라진 영령들과 그 유족 그리고 국민들은 이 비극의 역사를 잊지 않고 함께 나갈 것이다.

## ❽ 그대들의 영원한 안식처

국립묘지 현충원엔 일제日帝 때 조국광복을 위해 순국한 독립투사들과 6.25전란 때 조국을 수호하기 위해 전투에서 전사한 수많은 장병들 그리고 후방에서 순직한 의로운 경찰관과 의로운 소방관들의 영령이 안치돼 있다. 또한 6.25전쟁 때 자유와 평화를 위해 멀리 이역만리에서 참전하여 전사한 유엔 16개국 전사자들의 많은 유해가 수영에 있는 유엔군 묘지에 안장돼있다.

나라와 민족을 위해 그리고 인류의 평화와 자유를 위해 목숨 바친 거룩한 영현들이 그대들 유택에 안식하고 있는 것이다.

그대들의 공훈은 자손만대에 영원할 것이니 그대들로 인하여 우리 후손들은 지금 생명을 부지하며 생존하고 있다. 우리는 언제나 그대들을 추념하며 명복을 빌고 있는 것이니 우리가 경건한 마음으로 다시금 그대들의 충정에 감사를 드리고 있다. 사람이 한번 태어났다가 한번 죽는 것이니 죽음을 초개와 같이 여긴 그대들의 숭고한 정신은 가문의 영광일 뿐 아니라, 나라가 존속하는 한 그네들의 영예로움이 나가서는 나라의 큰 영광으로 언제까지나 빛날 것이

다. 우리 국민들은 그대들을 머리 숙여 칭송할 것이며 어떻게 위로할 것인가.

나라를 지키기 위해 그리고 평화와 자유를 위해 싸우는 데 얼마나 많은 대가를 지불했는가를 우리는 잘 알고 있으며, 그대들의 애국정신이 살아있음으로 해서 나라는 번영하고 국민들은 번창해 가는 것이다. 나라가 바로 서고 강건한 국민들이 나라를 받들고 지키고 있는 한 나라는 영원무궁한 것이 된다.

그 옛날 우리는 나라 없는 설움을 얼마나 오랜 세월 겪어왔는가.

역사의식이 희박하고 나라에 대한 애국심이 결여되는 한 그 나라의 존립은 위태로운 것이다. 지금 세계 각 처에서는 국민과 나라, 나라와 나라 간에 분쟁에 휩싸여 전쟁을 치루고 있다. 전쟁은 일차적으론 국민을 지키고 재산을 보호하기위해 최후의 수단으론 불가피하게 된다. 그리고 전쟁에 승리하는 나라가 정의를 주장하며 패배한 나라는 변명의 여지가 없는 것이다.

전쟁의 생리는 자국의 이익을 위해서는 어제의 우방이 오늘의 적국으로 돌변하게 되는데서 냉엄한 국제사회의 본질이 항상 위험 속에 도사리고 있다. 그렇기 때문에 전쟁이 폭발하면 수많은 인명피해를 가져온다. 왜 인류는 꼭 전쟁을 일으켜야만 하는가. 그 원인은 전쟁의 수단 외에는 해결할 방도가 없으며 많은 사람이 목숨을 잃지 않고서는 분쟁을 종식시킬 수가 없기 때문이다.

전쟁으로 인해 희생된 영령들은 언제까지나 구천九天에서 헤매야 되는 것인가. 전쟁은 많은 사망자 외에도 막대한 전비가 소요되는 법이다. 아! 이름 없이 전쟁에서 사라져간 무명용사들은 어찌되는 것인가.

6.25전쟁은 아직도 끝나지 않는 전쟁으로 남아있다. 적지에서 송환되지 못한 시신들의 넋을 어떻게 위로할 것인가. 참으로 슬프고 안타까운 일이다. 위로할 그대들의 영원한 안식처는 어디인가.

그대들의 안식처를 도모하는 것은 나라의 의무이자 살아있는 우리 후손들의 간곡한 염원으로 남아 있는 것이다.

## ❾ 칠전팔기의 고행

내 나이에 해당하는 세대는 마귀가 떠나지 않아서인지 그 어느 때나 힘겨운 고난을 겪은 세대가 되었다. 우리가 초등학교를 졸업할 때는 일제日帝가 패망하여 나라 안이 극도로 혼란스런 때였다. 또한 중·고등학교를 졸업할 때도 6.25라는 참혹한 전쟁이 발발하여 제대로 졸업식도 가져보지 못한 고난의 시절이었다. 내가 부산 피난시절엔 서울대 법대를 응시하는 데 약 3대 1이라는 경쟁이 있었다. 운이 좋아서 대학에 입학하였으나 이 세대에 해당하는 젊은이들이 학문의 길을 여는데 얼마나 큰 어려움이 있었겠는가.

이 고난의 시절에 나는 학비를 벌기위해 부산 서면에 주둔하고 있던 미군 제 91 헌병대에서 고학하고 있었다. 미군 부대 정문에서 출입하는 차량을 체크하는 체커노릇을 하며 피난시절 3년을 버티었다. 대학 3년 만에 서울로 상경하였으나 서울 거리는 모든 건물이 파괴된 말 그대로 잿더미의 시가지였다. 간신히 하숙집 골방을 얻었으나 겨울엔 난방도 안 나오는 방에서 떨어가며 게다가 영양실조에 걸리면서 폐결핵으로 신음하다 겨우 대학 4년을 마칠 수가 있었으니 그 시절의 고난을 말로 다 표현할 수가 있겠는가.

전쟁 3년을 치루는 동안 다른 사람의 가정도 궁핍한 생활을 하며 사회전반이 전례 없는 난리를 겪었으니 나도 예외는 아니었다. 이 같은 민족상잔의 전쟁바람에서 살아남은 자의 슬픔이란 이루 말할 수 없었다. 기적 같은 삶에서 간신히 생존을 유지할 수 있었으니 이는 하나님의 축복을 받은 것이라고 스스로 자위할 수밖에 없었다.

오늘 80나이를 넘은 나에겐 그때 그 시절의 고난을 회상한다면 모든 것이 꿈같은 세월인 것이다. 우리들 6.25세대는 그야말로 그 엄청난 민족적인 고난 속에서도 살아 남아야한다는 굳건한 의지하나로 기적같이 살아남은 것이다.

6.25를 겪지 못한 전후세대는 전쟁의 참극을 상상이나 할 수 있겠는가.

사상과 이념이 무엇인지, 다시는 이 땅위에 결코 전쟁이 재발해서는 아니 될 것이다. 이런 판국에 남북한이 언제 통일될 것인지 현재로서는 다만 아득할 뿐이다. 이 불우한 세대는 전무후무한 국한을 겪으면서도 미래에 대한 희망을 잃지 않고 오로지 앞만 바라보며 뛰어왔다.

그러나 여기까지 오는 동안 그 길은 너무나 험난한 것이었다. 같은 세대의 동창들이나 친지들을 만날 때면 다함께 웃음을 잃지 않으려 애쓰지만 그들 얼굴마다 박힌 주름은 지난날의 모진 세월의 흔적을 역력히 나타내고 있으니, 그 곱지 않은 주름살을 쳐다보노라면 가슴속엔 다만 눈물이 흐를 뿐이다.

앞으로의 세월이 어떻게 전개될는지 알 길이 없다. 그러나 현재의 상황이 너무나 어지럽고 불안하며 안정되지 못하고 있으니, 나라의 미래를 생각하면 낙관적인 것보다 비관적인 상황이 많을 것이라 예상된다.

그것은 밖으로는 남북한이 대치되고 있으며 안으로는 정의와 도덕의 공공질서가 무너지고 있어 그렇다. 우리 국민은 모두가 평화와 안녕을 희구하여 언젠가는 통일이 올 것이라 염원하고 있으나 이에 상응하는 우리 모두의 안보의식과 역사의식이 너무나 희박하다. 가장 불행한 세대에 태어나 가장 불운한 삶을 엮어왔으니 우리 세대의 비운을 누가 보상해줄 것인가.

우리세대가 생을 유지하는 시간도 그리 넉넉치 못한 것이 사실이다.

## ⑩ 그래도 살맛나는 세상

나는 매일같이 지하철을 타고 다니면서 내 마음속엔 언제나 감사한 마음이 충만해있다. 그것은 고령자에게 무임승차를 허용해 주는 데 있다. 나라가 있음으로 해서 노인들에게 혜택을 주고 있는 것이다.

이밖에 일반국민이 갑자기 사고를 당했을 때 119라는 긴급구조대가 신속하게 출동한다는 데 있다. 이 역시 나라가 있다는 것을 실감케 하는 일이다. 사회전반의 인심이 각박하고 인색한 가운데서도 간혹 남모르는 사람들에게 친절과 호의를 베푸는 것을 볼 때 정말 살맛나는 세상이구나 하는 생각이 든다.

때로는 가까운 친지나 친우로부터 조건 없이 물심양면으로 도움 받는 때도 있다. 내 초등학교 동창생 가운데는 내가 용돈이 떨어지는 것을 눈치 채면 서슴없이 수십 만 원을 조금도 안색이 변함없이 건네주는 친구가 있다. 또 내 조카사위인 목사는 나에게 차비 수십 만 원을 건네주는데 내 마음에 얼마나 감동을 주었겠는가.

요즘처럼 경제적 불경기에 물가가 하늘을 치솟는 세상에 살다보니, 야박한 인정의 사회에서 남을 배려하고 나눔의 정성을 표시한다는 것은 참으로 쉬운 일이 아닌 것이다.

사회 각 계에서 그렇게 나눔의 정신을 강조하고 있으나 실제로는 실천에 옮기는 예가 흔치않다. 그러나 살펴보면 세상 한 구석에는 그래도 여전히 살맛나는 세상이구나 하는 생각을 져버릴 수가 없다.

한국전쟁을 겪으면서 이 땅에는 교회나 자선단체가 수없이 생겨났다. 그들의 온정으로 사람들의 마음이 한결 부드러워 진 것이 사실이다. 그러나 일반적으로 사랑을 구현한다는 정신은 아직도 선진제국에 비해 미흡하다는 것이 사실이다.

가난은 나라도 구제 못한다는 말이 있으나, 아직도 재력이 풍부한 대기업에서는 큰 기업이나 작은 기업이 다함께 살 수 있어야 한다는 동반성장의 정신이 활발하지 못한 것이 오늘의 현실이다. 가진 자의 오만이나 가지지 못한 자의 빈곤을 퇴치할 수 있는 새로운 사회의 풍토가 조성되어야할 것이다.

자본주의 사회의 모순을 치유하는 새로운 사회가 도래해야한다. 너무나 심

한 양극화 현상은 우리의 이상사회를 그르치게 만드는 것이다. 이는 역사적 소명이다.

우리가 사는 세상은 좀 더 나눔의 정신이 확산되어 하루 한 끼 끼니를 잇지 못하는 독거노인이나, 질병으로 신음하고 있는 가난한 사람을 치료해주는 각계의 온정과 같은 국가의 적극적인 정책이 수립되어야 한다. 이웃나라 일본은 경제가 부진하여 예전 같지는 못하지만 기업주나 노동자들이 극한 대립으로 거리에서 파업을 일삼고 있는 풍조는 볼 수 없다.

내가 일본에 갔을 때, 수도인 동경에서 공산당 깃발을 든 행렬이 있었으나 동경시민들은 한 사람도 그것을 쳐다보는 이가 없었다.

요즘 죽음을 앞둔 사람에게 무상으로 장기를 기증하는 사람이 있는가하면 입원중인 중환자를 돕기 위해 수술비를 지불해주는 부자가 있다.

이는 사회를 밝게 만드는 눈물겨운 일이 아닐 수 없다.

이 밖에 불기둥에 뛰어드는 소방관이나 우편집배원들의 피나는 노고를 볼 때마다 살맛나는 세상을 실감할 수 있다. 음지에서 외롭게 살아가는 불우한 빈곤층이 자살을 기도하기 이전에 삶의 의욕을 잃지 않도록 국가적인 지원과 가진 사람의 보다 더 깊은 배려와 온정이 있기를 기원한다.

# 제3장

# 영원

## ❶ 대자연의 법칙

봄에는 꽃이 피고 지고, 여름엔 무덥고 비가 내리고, 가을엔 산촌초목들이 시들어 땅에 떨어지며 그리고 겨울엔 모진 바람과 더불어 추위가 엄습해 오는 현상은 우주 대자연의 변하지 않는 법칙이다. 때에 따라서는 지구가 성나면 홍수나 폭설 그리고 태풍이 사람들을 괴롭힌다.

일찍이 영국의 사학자 토인비는 북극의 빙산氷山이 조금씩 녹아내려 그 속도는 느리지만 차츰차츰 지구의 지각변동을 가져온다고 하였다. 그리고 인류의 문명도 마찬가지로 서서히 변해가며 발전해 간다고 했다. 그러나 유명학자의 학설이나 예언도 빗나가 지구의 변화무쌍해 가는 현상은 우주 대자연의 법칙 앞에선 아무도 거역할 수 없다. 광활한 우주 대자연속 하나의 천체인 지구는 수천 년, 수만 년 아니 수억 년을 지내오는 동안 어김없이 질서정연한 우주의 법칙에 따르며 운행하고 있다는 것이다.

대자연은 우리가 상상할 수 없는 무서운 힘을 갖고 있기에 인간의 힘으론 대자연을 좌우할 수가 없다. 그렇기 때문에 대자연 앞에서 인간의 힘은 너무나

나약할 수밖에 없는 것이다.

지구의 변동은 우리가 과학으로도 설명할 수 없는 너무나 경이적인 것이다.

따라서 자연의 분노는 지진, 태풍, 폭설, 홍수 같은 무서운 힘으로 나약한 인류에 대해 엄청난 인명을 앗아가며 막대한 재산상의 파괴를 가져오는 가혹한 이변을 연출한다.

대자연의 변신은 지진과 같은 무서운 위력으로 생물과 건물들을 일시에 마구 몰살시켜 버리는 경우도 발생한다. 인간의 힘으론 대자연을 막아낼 수 없다는 말은 인재人災는 사람의 지혜로운 힘으로 예방할 수 있으나, 천재天災만큼은 사람의 힘으로 막아낼 수 없다는 것을 의미한다. 사람이 살아가는 동안 흔히 말하기를 사람이 범죄행위를 저질렀을 때 하늘이 무섭지 않느냐고 하는 말과도 상통하는 것이다.

날씨가 몹시 무더운 날엔 반드시 하늘에서 비를 뿌린다. 이런 현상은 움직일 수 없는 대자연의 가장 기본적인 법칙인 것이다. 그러나 인간의 힘이 아무리 나약하다 해도 인간이 연구하며 관찰할 수 있는 지혜는 대자연의 재해를 다소나마 막을 수 있는 것이 아니겠는가.

고도로 발전한 현대문명은 자연의 변덕스러운 이변에서 살아남을 수 있다는 것이 자연에 대비할 수 있는 인간의 위대한 힘의 존재가 아니겠는가.

문명의 개척으로 인간은 가능한 한 대자연의 분노에 대항할 수 있는 사명을 안고 있다. 그것은 인류의 안녕과 평화를 도모하기위해서는 부단한 노력이 필요한 것이다. 그러나 인간의 힘엔 한계가 있다고 해서 이런 측면에서 우리는 자연의 재앙에서 완전히 벗어날 수는 없지 않겠느냐하는 생각은 금물이다.

자연의 변동에 과학을 추구하는 인간의 힘으로도 불가능한 경우에는 우리는 무엇을 생각하게 되는가.

우리는 이런 때 종교의 힘을 빌리지 않고서는 해결할 수 없는 상황에 도달하게 되는 것이 아닌가. 그것은 우주만물의 창조자이신 하나님의 섭리에 귀결하게 되는 것이 아닌가. 세상을 지배하며 인류를 구원할 수 있는 절대적인 힘의 존재가 하나님에게 있는 것이다. 우리가 사는 세상의 기본질서와 규범은 하나님의 권능에 속한다는데 설명을 구해야 할 것이다.

## ❷ 위대한 국민에 위대한 나라

정의와 도덕이 실종된 나라에서 선진인류문화국가가 있을 수 없다는 것은 극히 자명한 이치에 속한다. 그러나 정의가 바로 서고 도덕이 확립돼 있는 곳에서 우리는 튼튼한 강국의 참모습을 찾을 수 있다.

우리가 아무리 눈부신 경제발전과 고도의 과학기술을 이룩했다 해도 소중한 인간의 양심과 상식을 상실한 사회에서 어찌 일등 국가를 지향할 수 있겠는가. 도시마다 고층빌딩이 숲을 이루고 거리마다 자동차가 범람하고 있으며, 백화점마다 사람들로 들끓는 다해도 이런 현상을 가지고 그것이 곧 선진국가라고 자처할 수는 없는 것이다. 무릇 부국이 곧 강국을 의미하는 것은 아니기 때문이다.

전쟁으로 폐허가 된 잿더미에서 불과 60여년 만에 한국 국민은 세계에서 자타가 공인할 만큼 기적적으로 고도성장한 것은 사실이다. 그러나 외적인 측면만 살피지 않고 내면사회를 깊이 통찰해 본다면 우리의 정신문화는 너무나 타락돼 있다는 사실을 발견할 것이다.

우리들 앞엔 지금 황금만능주의라는 퇴폐된 정신세계가 오랜 시간 우리사

회를 좀이 슬게 하고 있으며 계속 위축시키고 있다는 엄연한 현실을 부인하지 못할 것이다.

이처럼 도덕기반이 무너진 위험상태를 우리가 어떻게 수습해 나갈 것인가는, 지금 우리에게 부과된 가장 시급한 국가적 내지 사회적 과제가 아닐 수 없는 것이다. 우리가 시급한 마음으로 선진 일류국가에 진입하려는 노력을 경주하고 있다고 하지만, 세련된 정치문화와 괄목할만한 경제향상이 선행됐어도 이에는 도덕과 윤리의식이 반드시 우리들 마음속에 뿌리박고 있어야 한다는 것은 치국제민治國濟民을 위한 만고의 진리인 것이다.

이 같은 명제를 등한시 할 때 우리에겐 언제든지 무서운 국민적 재난과 국가적 위기가 닥쳐올지도 모르는 일이다. 도덕기반이 무너지면 자연히 국력이 약화되고 쇠퇴하면서 국가적 위급사태가 발생한다는 것은 지나온 역사에서 우리가 이미 터득한 뼈저린 교훈이 아니던가. 지난날 한국전쟁에서 우리가 인천상륙작전에 실패했거나, 세계전쟁사에 유례없이 격렬했던, 대구大邱를 사수했던 다부동多富垌의 혈전 그리고 38도선 이남을 고수했던 중동부 백마고지에서의 격전에서 우리가 패배했더라면 지금의 대한민국은 어떻게 되었겠는가.

이 잊을 수 없는 전쟁사를 아직도 우리 국민들은 지금 얼마만큼 기억하고 있는 것인지 의문스런 일이다. 이 같은 민족의 저력은 어디로 사라지고 있는 것인가. 최근 외신보도에 따르면 우리나라의 청렴도가 세계에서 39위라고 한다. 자신의 기득권을 고수하기위한 극도의 자기중심주의와 온 사회에 만연돼 있는 망국적인 집단이기주의 같은 사회악을 우리는 하루바삐 청산해야한다. 원칙과 기준을 무시하는 이 엄청난 사회적 병폐를 근절하지 않고서는 우리가 어떻게 선진문화국가로 갈 수 있겠는가. 비정상사회에서 하루바삐 정상사회로 들어와야 우리는 비로소 인간성을 회복하고 정의사회를 구현할 수 있을 것이다. 우리는 굳건한 정신세계를 구축하며 퇴보된 정신문화를 회복하는데 대한 정부의 적극적인 시책과 온 국민의 힘이 집결된 이른바 국민대통합이 그 어느 때보다도 절실한 때이다.

오늘 이 시점에서 다시 한 번 경건한 마음으로 나라를 사랑하며 우리가 짊어지고 있는 이 무거운 역사적 사명을 스스로 자각 하고 온전하게 달성해야만 우리가 살아남는 길이 열릴 것이며, 우리가 그토록 염원하는 통일에 이르는 과정에서 선진 인류 문화국가에 진입할 수 있을 것이다.

## ❸ 광야(曠野)를 걷는 길에서

허허벌판에 나무 하나 없고 산도 없는 그런 광야曠野를 나는 항상 달리다 숨이 차면 좀 쉬고 가는 것이었다. 세상 살아감에 사회를 뚫고 나가는데 배경도 돈도 없는 그런 신세는 참으로 어렵고 힘든 것이어라.

6.25전쟁 바람에 나는 숱한 고생 끝에 대학을 졸업하고 마침내 서울로 수복해 왔으나 그 당시는 취업이 매우 힘들 때였다. J은행에 입사시험을 보고 운좋게 합격할 수가 있었다. 그나마 우수한 성적으로 은행 측으로부터 합격통지서를 받고나니 하나님의 큰 은혜로 알고 그 기쁨은 이루 말 할 수 없었다.

그러나 행운의 여신은 나로 하여금 불운하게 만들어 주었다. 6.25전쟁 3년 끝에 전선은 휴전이 되었으나 군의 인력은 많은 사상자의 소모로 극히 부족한 때였다.

한참 부풀었던 은행진출의 꿈도 좌절되어 버렸다. 바로 J은행 본점 앞에서 헌병대차에 강제로 실려가 전남광주에 있는 육군보병학교에 입교하게 되었다.

군 장교생활 5년을 복무하느라 은행 입사가 여의치 못하게 되었다. 나라의 초 긴급한 사정으로 내 인생의 행로는 여기서 막혀 버린 것이다. 이로부터 험난한 광야의 길을 줄곧 걷게 된 것이다. 나는 군 동기생 일행과 함께 사회진출을 위해 조기제대를 원해 예편하게 되었다.

이때에 은행에 응시했던 동기생들은 운 좋게 군 입대를 모면하고 입사하여 승승장구하였고 은행 중견간부에서 임원으로 진급하였으며, 또 어떤 동기생은 은행장에까지 오르게 되었다. 또 한편 군에서 예편을 원치 않고 그대로 계속 눌러앉았던 일부 동기생은 성실한 군복무생활 끝에 어떤 동료들은 군 지휘관에서 장군에까지 진급하였으니 생각하면 내가 얼마나 우직한 탓인지 내 인생이 역전되면서 적지 않은 피해를 보게 된 것이다.

이로부터 나의 광야의 길은 계속 험난해 졌다.

대통령이 불행하게도 저격당하며 서거하게 되자 정계는 급전하여 새로운 정당이 창당되었다. 이때 나는 이를 정계진출에의 계기로 삼고 창당준비위원으로 참여하여 중앙운영위원으로 까지 오르며 창당이념 연구 팀장으로 발탁되었다. 「민주정의이념의 구현 방안」에 관해 논문을 쓰라고 위촉을 받았다. 마침내 내가 제출한 논문은 당내비본으로 단행본이 채택, 출간되었다.

이 같은 공적으로 국회에 진출하는 비례대표에 올라갈 예정이었지만 어느 불량당원의 모함으로 신상에 상처를 받고 모처럼의 국회진출의 길이 좌절되었다. 험난한 나의 광야의 길은 더욱 험난해졌다. 모든 것을 하나님의 뜻으로 알고 스스로 고뇌와 시련을 참고 견디며 나갈 수밖에 없었다. 운명의 여신은 나를 너무나 가혹하게 몰아쳤다. 그러나 이 모든 좌절의 길은 나의 부덕한 탓인 줄 알고 스스로 독백獨白하며 우둔한 자의 자문자답으로 계속되고 있었다.

이 같은 광야의 길이 앞으로 얼마나 길어질지는 오직 하나님만이 아는 비경秘經에 속하는 것이라고 믿고 있는 것이다. 이런 황야의 길이 하나님께서는 점차로 탄탄대로에 나를 인도해 주실 것으로 기대하면서 자중장성하고 있는 것이다. 숱한 고난의 길과 겹치면서 나의 광야의 길이 얼마나 더 계속될 런지는 예측할 수 없는 것이다. 광야의 길은 단순한 가시밭길 이상으로 고통스러운 것이다. 더 큰 꿈과 더 큰 일을 하기위한 나의 꿈과 의지와 결의는 내 자신도 가름할 수 없을 정도로 위대한 것이라 생각한다.

## ❹ 흙을 밟으면서

우리는 매일같이 흙에서 살아간다. 흙을 밟지 않고는 살아갈 수 없는 것이다. 그러나 우리는 일상생활에서 흙이 사람에게 주는 은혜를 망각하고 살아간다. 흙이 주는 고마움을 우리는 어떻게 알겠는가. 우리는 죽어서 결국은 흙으로 돌아간다는 사실을 아는 듯, 모르는 듯 그렇게 지내는 것이다.

흙이 사람에게 주는 것은 간절한 것이다. 흙은 사람이 영원히 안식할 수 있는 터전이 되며 나아가서는 우리들의 고향이 바로 흙이 아니겠는가. 우리는 흙을 밝으면서 하루 동안에도 별의 별 일을 다 겪으면서도 흙과 인연을 맺고 살아가는 것이다. 흙이 그처럼 귀한 것인 줄을 모르고 살아가는 것이다.

흙은 고귀한 사람이나 천박한 사람이나 다함께 밟고 다니는 곳이다. 흙을 밟으면서 뜀박질하는 사람이나 한 발자국씩 마지못해 걸어가는 사람도 있는 것이다. 하늘에서 내려 쬐는 태양빛이나 비, 구름 등외에도 흙의 존재는 태곳적부터 이미 하나님께서 창세기에 마련해준 것이다. 그러나 이 땅위에 사람들은 때때로 땅을 짓밟고, 무자비하게 땅을 파헤치며 또한 땅에다 침을 뱉는 것

이 사람인 것이다.

흙은 누구에게나 평등한 것이며 누구나가 흙을 밟지 않고서는 살 수 없는 것이다. 그러나 사람에게 주는 오묘한 뜻이 무엇인지 곰곰이 생각해 보는 사람은 별로 없을 것이다. 흙은 수많은 사람들이 무수히 밟고 다니는 발판인 것이니 흙이 사람에게 부여하고 있는 진실이 무엇인지를 설명할 수 있겠는가. 흙은 사람들의 뒷발굽에 밟히면서도 아무런 반항이 없는 것이 흙의 생리인 것이다.

오늘도 나는 땅바닥에 있는 흙을 밟으면서 하늘을 쳐다본다. 저 광활한 우주를 끼고 있는 하늘은 그야말로 넓고 방대한 것이다. 하늘과 땅은 잘 조화를 이루면서 지구는 매일같이 잘 돌고 있는 것이다.

우리는 흙이 내 뿜는 향기를 맡으면서 그 흙에서 느낄 수 있는 인생의 심오한 의미를 음미할 수 있는 것이다. 사람들이 흙을 밟고 있으니 흙은 사람에게 무엇을 일러주고 있는 것인가. 우리는 흙 위에서 매일같이 오만가지 선과 악의 행동을 자행하고 있지 않는가. 이 땅위에 살고 있는 그 많은 사람들은 땅을 딛고 있으면서 인류의 평화와 안녕을 유지하기위해 수많은 공동선共同善을 펴고 있다.

인류의 번영을 위해서 유구한 세월, 평화운동을 펴고 있는 것이다.

반면에 갖가지 범죄를 야기하여 사람과 사람과의 분쟁, 나가서는 국가 간에 전쟁도 불사하는 무자비한 살상도 감행한다. 흙은 수천 년, 수만 년을 통해 모진 환경변화를 겪으면서 그대로 흙은 진토 되면서 그 생명력은 유구한 역사 속에서도 잃지 않고 있는 것이다. 흙의 깊은 의미는 바로 이런 곳에 존재한다.

흙은 정직하며 온화한 것이기에, 이어서 숱한 동물이 서식하며 수많은 이름 모를 식물이 꽃을 피우고 시들고 흙에서 소생하는 지구력을 갖고 있는 것이다.

우리는 말없는 땅에서, 땅과 더불어 살아가고 땅과 함께 그 명운을 같이하는 것이다. 인류의 이상과 꿈도 땅을 딛고 일어서며 실현된다. 바로 땅 위에서 약동하고 땅이라는 기본적인 틀에서 인류는 발전해 나가는 것이리라. 이는 단순한 문학적인 표현이 아니라 보편적이고 과학적인 견지에서 인식해야하는 과제인 것이다.

## ❺ 인생은 왜 나그네인가

무대 위에서 한참 열연하던 주인공이 막상 막이 내리고 무대 뒤로 사라질 때 갑자기 고독이 엄습해오면서 드는 그 공허감은 무엇이라 표현할 수 있겠는가. 한참 벅적거리던 결혼식장이 식이 끝나자 하객들이 돌아간 뒤의 신랑, 신부의 고독감은 어떤 기분이라고 할 수 있겠는가.

사람은 본시 고독한 존재가 아니던가. 병상에서 이제 막 운명하려는 환자의 마지막 순간은 어떤 것인가. 이런 광경을 목격하노라면 환자 자신은 물론 임종을 지켜보는 사람들의 감정도 심장이 멎는 듯한 슬픔이 밀어닥치는 심정은 누구나가 다 겪는 일이다. 모든 사람은 모태에서 태어났을 때와 죽음을 눈앞에 둔 환자의 마지막 숨소리가 멎을 때, 우리는 무엇을 갖고 태어나며, 무엇을 남기고 가는 것인가 하는 생각을 하는 때가 있다. 죽을 때에는 아무것도 손에 들고 가는 것이 없다는 것을 알게 된다. 우리가 흔히 유행가에서도 듣고 있듯이 빈손으로 왔다가 빈손으로 간다는 하숙생의 가사를 들은 적이 있을 것이다. 짧은 생애를 지나면서 나라와 민족을 위해 크게 공헌한 사람이나 개인의 가정을 잘 지키면서 평화롭게 잘 지내는 보통사람들은 사람이 삶을 엮어나가는 마

당에 얼마나 많은 고독감을 느끼면서 살아오는 것인가. 그것은 목적도 없이 숱한 걸음을 걷다가 나중에 가서는 자신이 나그네와 같은 길목에서 생을 어쩔 수 없이 마감하는 것이 아닌가.

사람들은 공허한 마음을 달래기 위해 여행길에 오를 때, 여행을 마치고 돌아오면 집에서 왠지 쓸쓸한 마음이 마음 한구석에 찰 때가 있다. 가장 가깝다는 부부간의 정분도 그렇거니와 부모와 자식 간의 끈끈하던 사랑도 오래 지속되는 것은 아닌 듯싶다. 부부간에도 언젠가는 이별의 고배를 마시며, 부모와 자식 간에도 애정을 베푸는 시간은 오래 지탱할 수는 없는 노릇이다.

부부간의 금실이 끔찍이도 좋았던 어떤 친구는 부인이 병으로 곁을 떠나자 허구한 날 술로 지새우다 결국, 부인 따라 스스로 자신도 숨을 마감하는 애처로운 실례를 보았다. 사람이 평생을 두고 아무리 바쁜 나날을 보냈다 해도 궁극에 가서는 아무도 통행해주는 사람이 없이 혼자만의 나그네 길을 걷게 되는 것은 인간의 어쩔 수 없는 숙명이 아니더냐. 아무리 고래광대의 저택에서 큰소리를 쳐도 언젠가는 집을 두고 훌쩍 떠나야만 하는 나그네 연민이라.

그 길은 섭섭해도 할 수 없고 서글퍼도 어쩔 수 없는 노릇이다. 불교에서도 말하듯이 석가모니는 제행무상의 진리를 일찍이 설파하지 않았던가. 기독교에서도 짧은 현세의 죽음은 인간의 종말이 아니고 하나님이 심판하는 영생의 길을 가르치지 않았는가.

만나는 사람은 반듯이 헤어지며 성盛했던 사람은 반드시 멸망한다는 성자필멸의 오묘한 천리를 터득하기에 우리는 너무나 많은 외로운 고행苦行의 길을 걸어야만 한다. 그러기 때문에 나그네길이 아무리 험난하다 해도 그 길을 걷지 않으면 안 되는 것은 하나님이 이 땅위에 주신 영원한 진리의 말씀인 것이다. 우리는 언제나 담담한 마음으로 운명의 여신을 믿지 않고 늠름한 마음으로 나그네 길을 걸어야만 하는 것이다.

## ❻ 시간이 화살 같다는 말

시간이 화살같이 지나간다는 말이 있다. 시간이 너무나 빨리 우리들의 곁을 지나니 시간을 황금처럼 여기라는 말과도 상통한다.

우리가 살고 있는 하루가 지나면 또 일주일이 쫓아오며, 일주일이 지나면 다시 한 달이 엄습해온다. 그런가하면 30일이 지나다 보면 벌써 1년이 화살같이 지나간다는 것이다. 이렇게 본다면 우리들이 운명을 바치는 생의 마지막 날까지는 그렇게 긴 시간이 아니고 짧다면 짧은 것이 사람의 일생인 것이다.

이 같은 세월을 거치면서 우리는 무엇 때문에 사는 것인지 또 어떻게 살아야하는 것인지 하는 문제도 우리에겐 최대의 과제로 등장하고 있다. 그 짧은 시간 내에 우리는 우리가 바라고 희망하는 일들을 무난히 치러야만 한다. 우리는 정신적으로나 물질적으로나 이 세상에 가치 있는 유산을 남기고 가야한다.

시간을 헛되이 보내고 허송시간을 보내는 사람이야말로 가장 쓸모없는 사람이 될 것이다. 평생 한번 뿐인 초대를 하나님께서 이 세상에 내려주셨으니 이 귀한 시간을 우리는 잘 선용善用할 줄 알아야 한다. 사람과 시간에 관련된 사항은 매우 중요한 것이다. 왜냐하면 시간을 잘 활용하는 여하에 따라 성공과 실패의 결과가 따르기 때문이다. 성공한 사람에겐 많은 사람이 운집하고 실패한 사람에겐 사람들이 오지 않는 것이 삭막하고 각박한 인생의 이치가 아니던가.

사람에게 평생에 몇 번의 기회가 온다는 말은 시간을 소중히 여기는 사람에게 행운의 기회가 온다는 뜻이다. 시간을 황금처럼 여기는 사람에겐 그만큼 운명의 여신이 잘 따라준다는 말과 같다. 남과의 약속시간을 잘 어기는 사람일수록 그만큼 실패의 늪에서 고통을 안게 되는 것이다. 부지런한 사람일수록

시간의 관념이 철저하다는 것이다.

사람은 사회적 동물이라 한다. 사람은 시간에 따라 움직이며 시간에 따라 일을 수행할 수 있는 것이다. 사람은 시간에 따라 움직일 수 있는 만물의 영장인 것이다. 사람이외의 동물들은 시간에 따라 움직이지 않는다.

한 사람의 시간은 다른 사람과의 시간과 결합함으로써 사회를 이루고 이 사회적 행위는 역사를 창조해 내는 것이다. 시간이 없는 사람의 세계를 우리가 상상할 수 있겠는가. 시간의 꼬리가 사람과 사람사이를 연결시킬 수 있으며 사회를 이끌어나가는 것이다. 대체 시간의 참의미를 누가 만들었는가.

이는 창세기에 조물주가 만들어 낸 위대한 유산인 것이다. 시간은 인류의 보편적 생활에 얼마나 편리한 수단인가. 문명의 이기利器 중 이 시간만큼 놀라운 것은 없다. 어떤 종교단체 종주의 어머니는 죽을 때 유언하기를 세상에 가장 소중한 것의 하나는 타인과의 시간약속을 반드시 지키는 일이며, 또 다른 하나는 가지고 있는 돈은 죽을 때 불우한사람을 위해 한 푼도 남김없이 쓰라는 것이다. 과연 종주의 어머니다운 유언이었으니 시간이 얼마나 귀하고 중요하다는 의미를 시사해 주고 있는 것이다.

시간은 화살 못지않게 흐르는 강물과 같아서 쉴 새 없이 흐르고 가버린다. 시간을 잡지 못하면 사회경쟁의 과열에서 도태되는 것인 즉, 시간의 소중함을 매일같이 생활에서 깨우치며 또 깨우쳐야만 하는 것이다. 시간이 주는 교훈을 한시라도 잊어서는 아니 된다는 것이다.

신은 인간이 태어나면서 시간이 소중함을 가장 제일 먼저 제공하며 깨우쳐 주었으니 참으로 감사하고 다행스런 일이다.

## ❼ 다시는 볼 수 없는 어버이

어버이가 한 번 세상을 떠나면 두 번 다시 볼 수 없는 것이 어버이인 것이다. 세상의 모든 자식은 어버이가 돌아가신 후에라야 어버이의 은혜를 깨닫는다고들 한다. 살아생전 어버이에게 효도 못한 것이 천추의 한이라고들 한다.

어버이란 자신을 낳아준 부모로 눈물로 자신을 키워준 사람도 어버이임에 틀림이 없다. 일제日帝로부터 겨우 해방된 8.15 직후는 우리 국민의 갱생기라 사회가 극도로 혼란스러웠던 것이 사실이다.

그러나 5년 후엔 나라가 6.25전란이라고 하는 민족상잔의 대전쟁을 겪으면서 부모를 제대로 섬길 수 없었다는 것은 누구나 겪은 일이다.

전쟁의 포화 속에서 사람들은 모두가 제정신이겠는가. 부모를 제대로 모신다는 것은 거의 있을 수 없는 노릇이었다. 이처럼 가장 불행한 시기에 태어난 세대들은 부모로부터의 보호와 사랑을 제대로 느끼지 못한 시기라 부모와 평안한 생활을 누릴 수 없었다는 것은 누구나 이해하고도 남는 일이다.

나 같은 경우도 8.15를 맞으면서 떨어져 살았던 부모와 단란하게 세월을 보낸 기억은 희미하다. 가족들이 남북으로 분산되어 있었기 때문이다. 더욱이 6.25전란 때는 피난가기가 바빠서 제대로 안락한 가정에서 산다는 것은 거의 힘든 일이었다. 1.4후퇴를 맞아 부산에서의 쪽방신세에서 피난살이를 하였으니 참으로 불행한 시대에 살아온 것이 사실이다.

가족들이 생활능력을 가지지 못해 입에 풀칠하기로 바빴던 시절이었다. 어영부영 부모를 돌볼 여가도 없이 세월은 속절없이 흘러가 버린 것이다. 피난바람에 아버지와 사별한 나는 대학 졸업과 동시에 다시 군에 입대하는 바람에 어머니에 대한 효심도 제대로 발휘할 수가 없었다.

그 당시를 회상하면 참으로 안타깝고 서글픈 시절이었다.

이제 어버이가 세상 떠난 지도 어언 수십 년이다. 아버지와 사별한지도 50년, 어머니가 세상 하직한지도 벌써 30년의 세월이 흘렀다. 이제 와서 어버이를 그리워한들 무슨 소용이 있겠는가. 그러나 생각하면 그리워지는 것이 어버이인데 어찌 잊어버릴 수가 있단 말인가. 세상살이에 사람들이 인색해지고 냉대할수록 어버이를 향한 그리움은 더욱 간절할 수밖에 없다.

오늘 이 시대에 어버이를 추념하는 마음, 지금의 젊은이들이 얼마만큼 부모를 생각하는 것인지 의문스럽다. 살아있는 부모에게 얼마나 간절한 효심을 가질는지 알 수 없는 일이다.

이 세상에 오직 하나뿐인 부모라는 데는 다 같은 생각이겠으나, 시대가 바뀌고 사회가 자주 변해가는 각박한 세상에 자식의 효심도 차츰 희박해가는 것은 아닌지 슬픈 생각이 든다.

살아있을 때 부모에게 좀 더 효도해야 된다는 열성 자식도 세상엔 적지 않다. 냉랭한 세상에 핵가족시대에 접어들면서 자신들의 생존을 이끌어가기도 벅찬 것이 사실이다. 더욱이 고령화시대에 접어들어 자식이 부모를 부양하는데 인색한 시기가 차츰 다가오고 있다.

그렇기 때문에 독거노인들의 외로운 죽음도 비일비재한 것이다.

국가의 복지정책이 원만하게 실행되기란 아직도 먼 산의 문제로밖에 볼 수 없다. 다만 천륜으로 맺어진 혈육으로서 세상의 모든 자식들은 천년이 지나고 만년이 지나도 부모를 기리고 부모만큼은 잊지 말아야한다는 생각은, 우리 후손들이 언제나 짊어지고 가야할 천부적인 효엔 틀림이 없다.

## ❽ 열사(烈士)의 유훈

"땅이 크고 사람이 많은 나라가 큰 나라가 아니고, 땅이 작고 사람이 적어도 위대한 인물이 많은 나라가 위대한 나라가 되는 것이다", "천하에 제일 위험한 것은 무식이요, 천하에 제일 두려운 것은 불학不學이라." 이 말은 일찍이 한말韓末 고종황제의 특사로 당시 네덜란드 헤이그에서 열린 만국평화회의에 밀파되었다가 순국하신 일성 이준李儁열사가 후세에 남긴 유훈이다.

초토에 태어나 어릴 적부터 고달프게 자라난 기구함을 어느 누가 알아주었겠는가. 비바람에 뿌리신 눈물로 다만 조국의 생명의 피가 되기 위해 열사烈士가 되었고, 그 이전엔 인재 양성을 위해 여러 교육기관을 세웠을 뿐 아니라 조정의 탐관오리를 겨누어 불의와 싸웠던 천추의열千秋義烈에 오른 참 우국지사요, 후대 사람들의 가슴 속에 아직도 면면히 흘러 나날이 추모의 정을 더해가고 있다.

해마다 7월 14일은 열사를 추모하는 제전의 날이다. 지난 2007년 7월 14일은 열사가 순국한지 100주년이 되는 날이었다. 오늘 우리가 처해있는 이 시대에 열사와 같은 구국의 정신이 우리 모두의 마음속에 아직도 살아 있다면 하는 간절한 소망을 누를 길이 없다. 그가 남긴 우국충정은 길이길이 남아 있는 것이다. 지금 사회 전반에 걸쳐 도덕불감증에 걸려있는 많은 사람들이 열사와 같은 애국정신을 10분의 1 아니 만분의 1이라도 간직하고 있다면, 오늘처럼 이 사회에 만연되고 있는 부정부패가 조금은 사라질 것이 아닌가.

언제부터 침입했는지 모를 극도의 개인이기주의나 신종 집단적 이기주의와 같은 오명에서 빨리 벗어나가기를 바랄 뿐이다. 조국과 민족 앞에 통분 자결했던 열사의 드높은 정신이 지금처럼 어렵고 힘겨울 때 일수록 더욱 추모의 정이 가시지 않는다.

이제부터라도 우리는 자각과 성찰의 나날을 이어가며 나라와 국민의 부강이 어디에 있음을 진심으로 깨닫는 귀한 시간들이 이어져나가야 할 것이다.

## 9 민족성을 고치자

우리나라 민족성은 우수한 데가 있으나 오랜 시간 잘못된 타성으로 고쳐야할 민족성이 적지 않다. 좀처럼 고쳐지지 못하고 뿌리박힌 습성이 사회전반에 걸쳐 지금 팽배해있다. 그것은 우리나라 국민이라면 누구나가 인식하고 있는 사실이다.

내가 체험한 바로는 무엇보다도 정직에 관한 일로 내가 오래전에 일본 동경에 가서 겪은 일이다. 시내 슈퍼에서 상품을 사고 일본 돈으로 가격을 치렀으나, 정확한 가격을 잘 몰라 돈을 대강 지불하고 그대로 슈퍼를 나왔다. 이때 누군가가 내 뒤에서 손님, 손님하며 부르는 소리가 들렸다. 돌아보니 조금 전에 슈퍼에서 돈을 받은 일본인 점원이었다. 손님에게 거스름돈을 준다는 것이었다.

이처럼 밖에까지 쫓아 나와 돈을 거슬러 줄 수 있는 정직성에 깜짝 놀란 일이 있었던 것이다. 나중에 들은 일이지만 일본사람의 정직성은 세계가 공인하고 있는 사실이라 했다. 내가 우리나라 슈퍼에서는 한 두 번이 아닌 거의 상습적으로 돈 계산을 속여 꾸지람을 준적이 한 두 번이 아니다. 참으로 부끄러운 일이다. 우리나라 점원은 왜 이렇게 정직하지 못할까 한탄하면서 이 모든 것이 내가 이웃을 잘못 둔 내 자신에게도 죄가 있다는 것을 스스로 자책해보았다.

이 같은 추태가 만일 외국인인 경우에는 우리나라 국민을 어떻게 생각하겠는가 하고 부끄러운 생각이 앞섰다. 이런 불미스런 일은 작은 일 같지만 하루바삐 고쳐야하지 않겠는가. 비슷한 예로 인천국제공항을 통해 우리나라에 입국한 외국인에게 택시에서 바가지요금으로 터무니없이 지불하게 한다는 불미스런 이야기는 이미 오래전부터 들어온 말이다.

좀 차원을 달리한다면 우리나라 국민들의 일부는 지금 자국민들끼리 시기와 질투를 일삼고 있는 현상을 볼 수 있다. 사람이 모이는 단체나 집단에서 흔히 벌어지고 있는 일이다.

자신보다 학식이 높다든가 옷을 잘 입고 있다든가 할 때, 아무런 이유도 없이 무조건 반항하는 광경을 목격할 수 있는 것은 흔한 일이다. 같은 직장 내에서도 동료직원의 진급이 빠를 때는 이를 시기하고 비방 내지 헐뜯는 사례는 오늘 우리가 처해있는 국민들의 좋지 않은 습성인 것이다. 간혹 관직에서 불미스런 사건으로 퇴직할 경우에도 발로 짓밟아 버린다는 좋지 못한 풍조가 있는 것을 보면, 우리 민족성을 고쳐야하겠다는 울분이 하루에도 여러 번 솟구치는 것이다.

아시아 개발 국가 중에서도 우리나라 국민들의 청렴도가 39라는 통계도 나왔다. 공직에 있는 공인이 공금을 횡령 내지 유용한다는 사실은 언론보도에 수없이 보도된 바가 있다. 이외에도 공인의 비리와 부정부패는 이루 말할 나위가 없다. 이밖에 여성들의 친목단체에서도 회원가입의 돈을 그것도 거액을 갖고 자취를 감춘다는 말은 한 두 번 들은 것이 아니다.

또한 밀수가 성행하여 국가경제를 교란시키는 일은 비일비재하다. 범법자에 대해서 왜 엄벌하지 못하는 것인지 국민들은 이해가 안 간다. 외국의 경우는 밀수는 무조건 극형에 처하며 관직에 있는 사람이 수뢰할 때는 무조건 종신징역에 처하며, 국민들이 먹는 식품에서 불량식품을 제조하거나 유통하는 때도 무조건 종신징역에 처한다고 하지 않는가.

나가서는 교육계니 금융계의 대형사건도 어떻게 엄벌했다는 후속보도가 없는 것도 예사라 국민들이 납득하도록 국가의 기강이 서야겠다.

이 모든 고질적인 민족성을 고치지 않고 어찌 선진국으로 진입하겠는가.

## ⑩ 경지(境地)에 도달하는 사람

우리가 다 잘 아는 성철스님이나 법정스님은 무아지경과 무소유에 일관하여 사람들에게 참 나를 깨닫게 한 성현이다.

또한 김수환 추기경이나 이태섭 신부는 나 아닌 다른 사람의 행복을 추구하며 자신을 희생하면서 인간의 진실과 참사랑을 가르쳐준 성인이다.

이런 위인의 정신이 살아있는 한 우리나라는 아직도 세상 살맛이 나고 자신을 깨우치는 세계를 접하게 된다.

요즘 세상은 사람이 만날 때 저 사람이 나에게 어떤 이익을 가져다 줄 것인가가 사람과의 대화의 시초가 되고 인상을 갖게 된다. 그러나 개중엔 상대방 사람에게 배려하는 마음을 잃지 않고 폐를 끼쳐서는 아니 되겠다는 사람들도 있다. 그렇다. 우리는 매일의 생활에서 어떤 경지境地에 도달한 사람이 온유한 마음을 갖고 사회를 좀 더 밝고, 깨끗한 것으로 만들어야 하겠다는 사람을 만날 수가 있다.

그러나 이런 사람을 만나는 일은 흔히 있는 일이 아니다. 대체로 막 무식하고 양심도 없는 경우나 상식을 무시하는 사람이 많은 세상이 되고 말았다. 어떻게 해서든지 상대방을 억누르거나 짓누르고 자신만의 이익을 추구하는 사람들을 만날 때면 막돼먹은 이놈의 세상, 차라리 생을 마감하는 것이 안식하는 날이라고 스스로 한탄하는 때도 있다. 우리사회가 정화되기 위해서는 비단도를 닦는 사람처럼 인생의 길이 경지에 도달한 사람만이 존재해야 한다는 것은 아니다. 일반적인 상식과 사회통념을 지킬 줄 아는 사람이 필요한 것이다.

그것은 이미 삶의 참뜻과 어떻게 살아야만 하는 가를 조금이나마 생각할 수 있는 사람을 지칭하는 것이다.

사람 사는 이치를 털끝만치라도 깨달은 사람이야말로 참 삶의 경지에 이미 돌입한 사람이 아니겠는가.

아무리 황금만능시대라 할지라도 돈의 위력으로 세상을 엮어나가려는 몰지각한 이들과 같은 사람들을 아침저녁으로 보고 접할 때마다 분노가 치밀어 오르는 것이다.

문명을 접하지 못한 시대에 산 사람들은 그런대로 사람들의 순박성이 있어서 좋았다. 그러나 고도로 발달한 문명을 접하면서 정신문화는 쳐지기 시작했다. 우리는 불과 몇 십 년의 시간을 타고 갑작스럽게 서구문명을 접하면서 극도의 개인주의와 이기주의에 사로잡히고 만 것이다.

극도의 사치에 치우쳐 사람들을 대하는 시각이 오만방자해지고, 부정부패에서 생겨나는 금품으로 사람들을 업신여기는 사회풍조가 발전해왔다. 국민의 정도를 벗어나 각종 비리와 불공정이 독버섯처럼 자라났다. 이런 비정상적이며 변태적인 귀족사회가 횡행하니 이런 비열하고 비양심적인 세력들이 사회에 판치고 있는 것이다. 나라의 사직당국은 왜 이런 세력을 척결하는데 인색한 것인지 일반 국민들은 이해하지 못하고 있다.

일부 극단론자들은 그 옛날 우리나라 이조시대에 있었던 형벌제도를 새삼 상기시켜주고 있다. 그 당시 사회적 범죄자에 대한 형벌제도가 얼마나 엄하였는가. 참수와 화형 그리고 능지처참하는 형벌이 있었다.

우리는 근세기에 와서 캄보디아가 가혹한 형벌을 세워 큰 범죄자에 대해서 매장하는 실례도 있었다. 오늘 우리가 알고 있는 '킬링필드'가 바로 이를 의미하고 있다. 이제는 무엇이 옳고 그릇된 것이라는 가치관을 바로 세울 때가 왔다. 우리 국민들은 이를 바로 잡을 권리와 의무가 있다.

우리는 우리의 후손들에게 가치 있는 유산을 물려주어야 한다. 물질만을 주로 하는 것이 아닌 정신적인 계도가 절실하다는 것을 왜 깨닫지 못하는 것인지 참으로 안타깝고 유감스런 일이다.

# 제4장

# 양심

## ❶ 세월을 탓하지 말라

세월이란 인정사정없이 다만 시간만 재촉하고 질주해가는 요물이다. 사람들은 운이 없었다 라고 말한다. 성공 못한 탓을 세월 탓에 돌리는 사람들이 많다. 세월은 사람의 탄생을 고한 후엔 죽음에 이르는 순간까지 우리들을 즐겁게 하기도 하지만 반면에 사람들을 슬프게 만드는 요사스런 감성을 지니고 있다.

무정한 세월이라는 말도 있지 않은가. 그래서 세월에 편승해서 한탄스러워하기도 하며 눈물을 자아내기도 한다. 좀 희망을 걸고 기다려 보기도 한다. 마치 급행열차가 간이역을 지나는 것처럼, 세월은 사람을 기다리지 않고 그대로 지나가 버리는 것이 세월의 본성인 것이다.

그러나 세월이라는 말은 또 한편 사람들에게 훈훈한 감정을 돋우는 경우도 있는 것이다. 세월이라는 말속에 달月자가 붙는 것처럼 매우 감성적이기 때문에 세월을 탓하기 전에 흐르는 세월 속에 우리들을 감싸주고 위안을 주는 단면이 있다는 것이, 세월의 애틋한 생리가 숨겨져 있는 것이다. 사람의 일생은 세월을 타고 늙어가지만, 또한 세월 속에 우리의 삶을 한 단계 높이는 애절한

감정을 갖게 만든다. 10년의 세월은 강산을 변화시키나 그만큼 사람의 지성과 경험을 만들어 주는 좋은 방편이기도 하다.

20년은 더욱 그러하고 30년, 40년 그러고 걷잡을 수 없는 고령인 것을 어찌 탓하겠는가. 그러고 보면 세월의 의미는 많은 것을 함축하고 또 뱉어내는 무자비한 냉기를 갖고 있는 것이 사실이다.

무수한 세월 속에 우주의 삼라만상이 성장하고 시들어 가며 만물의 영장인 사람들도 살고 지고 늙어만 가는 것이다. 그리고 사람들의 얼굴엔 추악한 주름만이 짙어가며 세월을 원망하기도 한다. 세월의 연륜은 사람들의 지울 수 없는 주름살을 가속화 시킨다. 세월은 시간의 철학에 따라 사람들이 세상을 떠나게 만드는 영원한 마술을 갖고 있는 것이다. 이렇듯 세월의 의미가 우리 인간생활에 시사한 바 큰 것이다. 거리에 나가보면 사람들이 그처럼 바삐 걸어가고 뛰어가는 것도 한 치 두 치 세월 속에 변해가고 있음을 알 수 있다. 쏜살같이 흐르는 강물도 변화무쌍한 세월의 시간을 너무나 잘 일러주고 있는 것이다. 세월의 노래를 부르며 한탄하는 사람들의 운명적인 타령도 세월이 사람에게 가져다주는 특성이기도 하다.

세월의 말을 횡설수설하기 전에 우리들은 세월에 기대지 않고, 스스로 우리들의 행로를 우리 스스로가 가름하고 나가야 하지 않겠는가 하는 이야기다. 세월이라는 환상 속에 우리들이 파묻혀 살 것이 아니고, 세월을 딛고 세월을 차며 뜀박질하는 지혜가 필요한 것이다. 사람들의 몸에 진드기가 들러붙어 물어뜯기 전에 우리는 다만 세월을 탓하는 우愚를 범해서는 아니 될 것이다. 허전한 세월이 되지 않고 허무한 세월이 되지못하게 하기위해서는 세월을 넘나들며 세월을 잘 선용할 수 있는 능력이 있어야하겠다.

길지 않은 인생이 허송세월이 되어서는 안 된다. 하나님께서 생명을 탄생시키고 부지해주신 고마움에 우리는 경건한 마음으로 다시 한 번 세월의 깊은 의미를 새기며 길지 않은 인생에 120%의 최선과 노력으로 세월을 이겨 나가야 할 것이 아닌가.

다시 한 번 말하거니와 세월을 탓하지 말고, 세월의 기쁨을 새기며 세월을 찬미하며 삶을 겪어 나가야 할 것이다. 흘러가는 세월의 의미를 다시금 음미하면서, 세월의 참뜻을 깨우치고 후회 없는 인생이 되어야한다.

## ❷ 축복받는 사람들

복을 받는 사람은 무엇보다도 겸소함에서 비롯된다. 사람이 너무 사치스럽고 오만불손한 사람을 다른 사람들이 복 있는 사람이라고 말하지 않는다.

한 가정에서 아들, 딸 많이 낳았다고 해서 세상 사람들이 복 많은 사람이라고 하는 것은 전근대적인 사고방식이다. 또한 일상생활에서 호화주택을 갖고 주거하거나 비싼 외제차를 타고 다닌다하여 복 많은 사람이라고 하지 않는다. 그리고 체육에서 뛰어난 기량을 발휘하거나, 막강한 권력을 휘두르거나 많은 재물을 갖고 있다고 자랑하는 사람들도 마찬가지이다. 또한 뛰어난 문필가로 지명도가 높다고 하여 그 사람을 세상에서 복 있는 사람이라고 하지 않는다는 것이다.

소박한 사람으로 겸양지덕과 정직하며, 남에게 관용을 베풀 줄 아는 사람이야 말로 사람들로부터 존경과 칭송을 받거니와, 하나님은 이런 사람에게 축복을 내린다.

사람이 남에게 오만하거나 불손하고 자신의 주장만을 내세우고 자기 자랑만을 앞세우는 독선적인 사람은 어느 모로 보나 남들이 축복받는 사람이라 말

하지 않는다. 이 같은 말은 많은 사람들이 이구동성으로 주장하고 있는 것이다. 오늘날 21세기 현대에 사는 사람들은 모름지기 남을 관용할 줄 알며 평상시에 남에게 나눔의 정신을 잃지 않고 실지로 실천에 옮기는 사람만이 축복받는 사람이 될 수 있는 것이다. 입만으로 호들갑을 떨며 남을 위하는 척 하는 위선자들이야 말로 축복은커녕 저주받아야 마땅한 사람인 것이다. 자신의 이익만을 챙기며 자신의 가족이나 자신이 속하는 집단에서 이해관계만을 따지는 타산적인 사람은 객관적으로 누구에게나 인정받지 못하는 비열한 사람으로 낙인 받게 된 것이 분명하다.

하늘을 나는 비행기에서 사고가 발생할 경우, 바다 위의 폭풍에서 살아남은 사람들은 모두가 하나님으로부터 보호받은 사람을 말한다. 또한 대형 화재를 당했을 때나 교통사고를 당했을 때도 기적적으로 살아남은 사람이 있을 것이다. 이때 하나님은 각별한 축복과 은총을 내리는 것이라 이때, 하나님이 각별한 축복과 은총을 내리는 사람이 있다. 사회생활을 함에 있어서 남을 속이거나 남에게 폭행을 자행하는 사람들은 하나님으로부터 보호를 받지 못하는 사람의 범주에 속한다.

우리는 성경 말씀에서 온유한 사람이나 착한 사람은 어떤 경우에도 화를 면하거나 목숨을 부지하게 되는 실례를 얼마든지 보아왔다. 하나님으로부터 축복받는 사람들이 현세에서 빛을 받지 못한다 해도 이들의 후손들에게 하늘은 충분한 보상을 하사할 것이다. 아무리 재물을 많이 가졌다 하여도 일부를 사회에 환원하고, 가지지 못해 헐벗고 굶주리며 질병에 시달리고 있는 빈곤층을 위해서 가지고 있는 재물의 일부라도 서슴없이 나누며 사는 사람이야 말로 축복받는 사람이라 할 것이다. 왜냐하면 자신이 가지고 있는 재물은 자신의 힘만으로 이룩한 것이 아니고 주변에 있는 많은 사람들의 피와 땀으로 모은 재산이기 때문이다.

세상에 흐르고 있는 인간의 역사를 들여가 보면 대기업을 이끄는 주인이 사원들에게 골고루 주식을 나누어주는 경우가 있다. 이런 회사에서는 파업이 있을 수 없으며 노사분규와 같은 어두운 그림자는 찾아보기 힘들 것이다. 세상에서 흔히 말하는 재벌들이 죽을 때 짊어지고 가는 것은 아니기 때문이다.

인간의 마지막 심판은 하나님이 내릴 것이다. 세상 많은 사람들이 저 사람은 축복받는 사람이라고 말할 때 그 사람은 바로 하나님으로부터 축복받은 사람으로 영원히 기억되는 것이다.

## ❸ 오만한 자의 종말

우리가 살고 있는 세상엔 이유 없이 오만傲慢을 부리는 사람들이 많다. 정권이 바뀔 때마다 집권층에게 아부하는 안하무인격인 철새정치인이 있는가하면 높은 공직에 있는 사람이 면접을 거절하는 오만한 사람도 있다.

대기업에 종사하는 이른바 임원들이나 이밖에 요직에 있다는 사람일수록 오만불손한 사람이 많은 것이 오늘날 우리가 살고 있는 세상인 것이다. 역사를 거슬러 올라가면 옛날 이조李朝시대엔 양반과 상놈이 있었으며 귀족과 천민들이 함께 살고 있었다.

아주 옛날 원시시대엔 문명이 닿지 못한 오지에선 심지어 식인종이 사람을 잡아먹던 시절도 있었다. 오늘날 문명과 문화가 발달된 사회에서도 기업주가 노동자들을 착취한다는 말도 있다.

일찍이 중국 청조淸朝 때의 문호 로신은 원시시대 사람을 잡아먹는 식인종의 야만성이나, 오늘날 사람이 사람을 착취하는 이른바 사람을 천대시하는 잔

혹성은 그 방법이 다르다 뿐이지 사람을 살상하는 것은 마찬가지라고 그의 광인일기에서 신랄하게 비판한 적이 있다.

이처럼 사람이 사는 세상에선 언제나 사회 각계 층이 있기 마련이다. 심지어 종교단체에서도 직분이 있어서 신도들안에 계층을 형성하고 있는 것이다. 권력을 행사하는 사람이나 재물을 모은 사람들이 가난한 일반 서민들을 업신여기는 풍조는 얼마든지 볼 수 있다. 중세 유럽에서는 왕족이나 귀족들의 행패가 심했으며 노예를 부리며 노예를 사고파는 시대가 있었다. 근세에 와서는 계층 간의 극심한 대립으로 혁명이나 전쟁도 일어났었다.

이처럼 계층을 형성하고 있는 세력들이 권력도 없고 재물도 갖지 못한 사람들에게 오만한 태도로 사람을 천대시하는 세상은 고쳐지지 않고 있다. 또는 노동자나 농민을 위한다는 혁명세력들은 나중에 집권하면 다시 새로운 계급사회를 조성하는 것이다.

문화와 문명이 발달한 현대사회에서도 오만한 계층의 사람들은 여전히 그들이 갖고 있는 특권으로 사람들에게 오만한 자세로, 군림해서는 아니 되는 군림君臨을 하고 있는 것이다.

오만한 사람의 행패는 교육을 통한 교양이나 도덕, 윤리 그리고 양심의 경지에서 해소시킬 수 있는 문제가 아니다. 실정법과 도덕은 같은 사회적 규범이긴 하나 실상은 도덕이 강제력이 있는 실정법보다 더 무서운 인간 규율임을 많은 사람들이 망각하고 있는 것이다.

그러나 오만은 강한 강제력이 수반되지 않고서는 고칠 수 없는 고질병이다. 오만은 사람을 크게 감동시킬 수 있는 설득력이나 그 이상의 강한 방법이 없이는 불가능한 것이다.

오만한 자의 끝이 결과적으로 비참한 종말을 가져온다는 것은 지나온 역사에서 역력히 익혀온 바다. 바라건대, 겸양지덕으로 사람들을 대하는 사회적 풍토가 없어 참으로 아쉬운 것이다. 이 오만이라는 고질적인 병은 사상이나 이념으로 고쳐질 사항이 아니라, 실로 인간 개발에 관한 심오한 교육이 필요하다.

우리들의 이상사회를 건설한다는 것은 물질로 이루어지는 것이 아니고, 순전히 인간품성의 범국민적인 개혁운동으로 효과를 볼 수 있는 것이 아닐까.

오만한 자의 최후는 비참한 것이다.

오만은 자신의 멸망과 건전한 사회마저 몰락하게 만드는 것이다. 오만한 자의 자성自醒이 절실히 요망되는 것이다.

## ❹ 오늘을 사는 카인의 후예들

카인이 같은 형제인 아벨을 죽였다는 이야기는 성경 속에서 나오는 말이다. 오늘을 사는 현대인이 폭력과 살인, 시기와 질투를 일삼는 세상을 어떻게 설명할 수 있을까. 세상이 평탄하지 않거나 평화롭지 못하다는 말은 이 사회에서 매일 같이 일어나고 있는 분쟁이라는 것을 우리가 모두 다 알고 있는 사실이다.

성경에서 구세기 편에 아담과 이브가 선악과를 따먹고 하나님의 계율을 어겼다는 사람의 원죄가 오늘에도 계승하고 있는 것인가. 하나님께서는 왜 사람들에게 이처럼 모진 시련과 고통을 주었는가하는 문제는 어느 성경 연구 전문가가 해결할 수 있는 사안이 아닌 것이다.

하나님 앞에 선 사람들이 하루에도 수없이 죄를 짓는다는 것은 비단 교회신자들만이 아니고, 일반 모든 사람들이 보고 듣고 체험하고 있는 일들이다. 우리는 왜 죄가 악이 라는 것을 알면서도 이를 범하는 것일까. 하나님 앞에선 세상 모든 사람들이 죄인이고, 보면 죄를 범하고서도 부끄러움을 모르고 뉘우

칠 줄을 모르는 것이 본시 사람의 본심인 것이다.

사람은 나약한 존재이고 부족한 것이니 이를 보완하고 온전한 사람이 되기 위해서는 죄를 범하되 회개하는 길만이 죄를 용서받는 길이다. 사람이 구원을 받기위해서는 오직 전지전능하신 하나님을 믿고 의지하는 것이 사는 길이다.

카인의 후예들은 세계도처에서 너무나 많은 살상행위를 벌이고 있는 것이다. 평화와 안녕을 유지해야 하는 지상의 사람들이 하늘의 천국에 이르는 길목에서 우리가 다 누려야할 세상이 되어야 할 것이다. 숱한 불량배들의 범죄행위가 설치는 세상이 언제 불식될 것인지 그리고 우리가 사는 세상의 불안과 공포가 사라져야 할 날이 과연 올 것인가. 그리스도의 사랑과 부처의 자비가 넘쳐흐르는 그런 세상을 희구하는 것이다.

우리나라는 지금 좁은 땅위에 인구가 넘쳐흘러 모든 것이 살인적인 경쟁상태에 이르고 있다. 직장이나 기관에서 자신의 입장을 지키려면 다른 사람을 떨구고 물리쳐야만 한다. 다른 사람을 딛고 일어서야만 자신이 살 수 있다는 것이다. 이는 너무나 가혹한 현상이다.

든든한 재력과 단단한 배경이 희박한 사람에겐 기회균등이나 공정한 처사라는 말은 다만 허울 좋은 이야기이지 사실은 그렇지 못하다는 것이 우리의 슬픈 현실이다.

어떤 사상이나 이념에서도 시대와 사회를 막론하고 이상사회는 실현되지 못하고 있으니 허울 좋은 자본주의 사회의 가진 자와 가지지 못한 자들 간의 사회적 갈등은 인류의 역사가 개시된 이래 지금까지 계속되고 있다. 비슷한 예로 자유민주주의가 우리들의 마지막 이상에 도달한 듯하지만 자본주의의 모순과 흠집이 생기고, 또한 혹자는 사회주의가 이상사회라고 주장하지만 우리들의 온전한 이상사회엔 미치지 못하고 미해결의 장으로 남아있는 것이다.

위정자들은 저마다 백성들에게 잘사는 세상을 만들겠다고 외치고 있으나 모름지기 도덕과 정의가 실종되면서 암담한 세상만이 흐르고 있을 뿐이다. 위정자들의 독재는 비난받지만 민주주의 또한 그 본질이 안고 있는 맹점盲點 때문에 그림의 떡이 되고 있을 뿐, 결과적으로 민주주의가 완성되기에는 어려운 과제들이 내포되어있다.

이 모두가 카인의 후예들이 수없이 저지르는 죄의식 때문인가. 어쨌든 오늘 우리가 살고 있는 이 세상은 너무나 고달픈 것이다. 세계 곳곳엔 민족 간의 반목, 살상 그리고 전쟁까지 지속되고 있다.

가깝게는 한반도도 남과 북이 이미 전쟁을 치렀을 뿐 아니라, 아직도 6.25 전쟁은 끝나지 않고 있으니 참으로 종족간의 갈등과 비극은 끝이 없어 보인다.

## ❺ 설경(雪景)이 나는 좋아라

나는 설경雪景을 참으로 좋아한다. 세상 모든 산천이 눈으로 덮였을 때의 광경을 유심히 생각해 본 일이 있는가. 내가 스위스에 갔을 때 알프스 중턱에 산행열차를 타고 올라가 본 적이 있다. 알프스 산 주변의 온 천지가 새하얀 눈으로 장식되었던 것이다. 그때부터 나는 실제 설경은 물론 그림 속의 설경을 보아도 무척 좋아하게 됐다.

눈을 보면 우선 마음속의 정서가 서리고 가슴이 후련해지는 것은 하늘에서 내리는 눈이 사람에게 주는 각별한 인연인 것이다. 눈을 보고 욕하는 사람이 있으련마는, 때때로 지구의 온난화현상으로 이 땅위에 폭설이라는 큰 재난을 가져왔을 때 눈에 대한 미움도 한 가닥 생기게 마련이다.

어쨌든 눈 오는 날 연인들의 사랑의 말소리나 어린아이들의 눈 장난에서

나오는 겨울을 재촉하는 날, 소리 없이 사뿐히 내리는 첫눈은 사람들에게 환희와 희열을 가져다주는 색다른 정경을 말함이라. 집 안에 설경이 있는 그림을 벽에 걸어놓고 아침, 저녁 쳐다볼 때마다 마음이 후련해지고 온 집안이 훈훈해지는 것은 가족을 위해서도 고마운 일이 아닐 수 없다.

눈 오는 날 거리에서 눈을 맞으며 거닐 때 마음이 상쾌해지는 것은 웬일일까. 그러나 우리가 일 년 중 사계절을 맞노라면 눈을 볼 수 있는 것은 겨울이라야 한다. 겨울을 만끽하다보면 눈을 언제나 붙잡을 수 있는 것이 아니다. 봄과 여름 그리고 가을이 지나야 아쉬운 눈의 계절을 볼 수 있는 것이다. 눈 때문에 이처럼 유별난 취미를 갖는 것도 하늘이 나에게 주는 축복의 하나이다. 눈으로 덮인 설경, 그것이 실경이든 그림이든 그런 정경을 보는 나에게는 놓칠 수 없는 즐거움의 하나이다.

내가 눈의 세계를 추구하는 것은 이 세상이 하도 혼탁하고 막막한 연유에서 나온 감성이다. 우리가 연탄을 캐는 광산에 가보면 산은 모두가 검은색으로 뒤덮여 있음을 볼 수 있다. 그러나 한 겨울철에 눈이 신나게 오는 날엔 검은 탄광산이 하루아침에 새하얀 산으로 변모하는 것을 볼 수 있다.

비록 검은 탄광이라 할지라도 속내는 귀한 탄광이 엄청나게 숨겨져 있다. 계절마다 철철이 바뀔 때면 눈이 내려 하얀 산으로 선보이다가도, 눈이 녹을 지경이면 다시 검은 산으로 산의 모습이 바뀌는 것이다. 새하얀 산의 아름다운 정경이 계절마다 달라진다. 이런 정경을 나는 일찍이 흑산黑山이라 부르고 있다.

그렇지만 아무리 흑산 일지라도 설산雪山의 정경을 보노라면 그야말로 장관인 것이다. 일본의 노벨문학상 수상자인 가와바다 야리나시는 일본에 살면서 일본 본토에서 동북부에 있는 그의 저택에서 눈이 많이 내린 날엔 설경雪景에 파묻혀 눈의 아름다운 정서에 취하며, 마침내 설국雪國이라는 소설을 펴낸 것이 아닌가. 이 설국이라는 소설이 그처럼 유명해진 것은 바로 눈이 쌓인 고장에서 삶을 지탱해 나가는 사람들의 소박함을 묘사한 것이리라. 눈의 생활이 감동을 주는 것은 눈에서 풍기는 순수성과 순박함에서 일어나는 일들이다.

## ❻ 하나님이 있다기에 나는 울었다

세상은 불운한 사람일수록 하나님의 존재를 부정하기 일쑤다. 세상일이 순조롭게 잘 풀리면 그저 하나님의 은혜라고 여기는 것이다. 이것이 세상 사람이 흔히 세상을 보는 세상에 대한 철리인 것이다.

하나님은 정말 존재하는 것일까.

많은 사람들이 의문의 질문을 던지는 것도 사실이다. 나는 이런 때일수록 하나님은 이 세상에 하나이며 반드시 존재한다는 것이 나의 절대적인 신념인 것이다.

그것은 말 뿐이 아니라 내가 사경死境에서 헤매었을 때 무려 8번이나 소생한 귀중한 체험에서였다.

그것은 어떤 종교적인 믿음이나 강박관념에 의해 하나님의 존재를 인정하는 것이 아니다. 성경의 말씀처럼 이 세상 우주만물의 창조주이기 때문만도 아니다. 사람과 세상천지를 하나님께서 빚었다고 하는 창세기의 말씀에서도 아니다. 시계바늘처럼 움직이는 우주만물의 법칙이 모두가 하나님의 섭리에서 이루어진다고 하는 결론에 귀결하다면 충분히 수긍이 간다. 이 세상 어떤 과학 이론에서도 설명이 불가능한 때가 있다. 그 이상의 설명은 오직 하나님만이 할 수 있는 것이다.

나는 어렸을 적에 개울가에서 미역을 감다가 구사일생으로 살아남은 귀중

한 체험을 갖고 있다. 6.25전쟁 때, 하늘에서 떨어진 비행기 폭탄으로 내 몸이 껑충 하늘에 떴다가 땅바닥에 떨어졌을 때에 눈을 뜨고 겨우 목숨을 건진 일이 있다.

또한 눈 오는 날 땅바닥에서 미끄러지자 뒷머리에서 많은 피를 흘리며 10여 분 간이나 눈뜬 채 의식불명이 되었는데 길 가는 행인이 119에 연락하여 병원 응급실에 실려 갔을 때, 서울 시청 지하도 입구 대리석 기둥에 머리를 부딪쳐 이마에서 피 흘리며 한동안 실신상태에 있을 때 어떤 친절한 행인이 나를 부추겨 일으키며 병원으로 인도한 체험 모두가 하나님께 감사해야할 끔찍한 사건들이었다.

지옥의 사자가 바로 눈앞에 왔을 만큼 위급한 일들을 여덟 번이나 겪었으니 나는 언제나 하나님이 나에게 내린 큰 은총이라고 크게 믿고 있는 것이다.

우리가 생로병사生老病死한다고 하는 것은 모두가 자연스런 세상의 이치라고 하겠으나 사람의 생명이 강하지 못하고, 사람의 능력이 너무나 나약함을 굳게 믿고 있는 것이다. 이럴 때 우리는 비로소 하나님의 존재와 전지전능하심을 깨닫게 되는 것이 아닐까. 사람이 매일의 일상생활에서 평화스럽고 무탈할 때 하나님을 향한 믿음은 통상적으로 희박해지는 것이 사실인바, 사람이 위급하게 죽음을 눈앞에 두었을 때에는 하나님을 찾게 되는 것이 세상의 범사가 아닌가.

나는 하나님을 마음속에 간직하며 하루에도 여러 번 하나님께 감사함을 느낀다. 어떤 성직자가 하나님을 향해 참회하는 그런 심정이 아니고, 아침에 일어나서 하루를 지내는 동안 밥을 먹으며 지내다가 밤에 잠자리에 누울 때 우리는 어떤 생각이 드는가.

그것은 마치 밤하늘에 총총히 떠있는 별들을 쳐다볼 때 사람들은 신비스런 생각이 드는 것과 비슷한 감성이 가슴속에 흐르는 것과 같은 것이 될 수 있다. 나는 허구한 날 많은 세월을 보내면서 삶이 하도 어려워 수많은 고뇌의 나날을 보낼 적마다 그래도 내 곁엔 하나님이 있다고 하기에 나는 울고 또 울었다. 지금도 세상의 이치를 생각할 때 나의 모든 생각은 하나님이 지배한다는 신념을 굳게 믿고 있다. 이것은 종교적인 형식에서가 아니라 내 마음속에서 항상 우러나오는 지극히 자연스런 생각에서 이루어지는 것이다.

세상사람 중 나를 응원하고 성원하는 사람이 없다 하여도 나는 하나님을 의지하고 하나님을 믿고 사는 것이 나의 전부다. 하나님은 그만큼 세상에서 가장 존귀한 존재이며 오직 하나밖에 없는 하나님인 것이다.

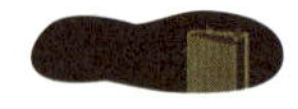

## ❼ 죽기 전에 은혜를 갚아라

사람이 일생을 사는 동안 모름지기 남에게 은혜를 입고 살게 마련이다. 어떤 대가가 있어야만 꼭 은혜를 주는 것은 아니다.

세상엔 아무런 조건을 달지 않고 남에게 나눔을 주는 은혜로운 사람이 얼마든지 있다.

연필 한 자루, 식사 한 끼를 대접하는 사소한 일에서부터 크게는 목숨을 살려 줄만큼 큰 은혜가 있다. 어쨌든 그 은혜라고 하는 것은 세상에서 가장 귀한 일의 하나이다. 그러나 막상 남에게 은혜를 베푼다는 것은 그리 쉬운 일은 아닌 것이다. 남을 도와서 자신의 입신立身을 도모하려는 사람도 있겠으나 자신을 희생하며 남을 돕는 사람도 있다.

관용을 베풀며 재물로 남을 돕는 일은 남에게 감동을 주는 일로서 이런 사람은 그리 흔치 않은 일이다. 요즘처럼 삭막하고 살벌한 세상에 아무런 이유 없이 금전을 주며 남을 돕고 그런 미덕으로 삶의 보람을 느끼는 사람이야말로

진정한 의미에서의 은혜라고 할 수 있다.

자신의 처지가 어려울 때 은혜를 받는 사람은 죽기 전에 반드시 그 은혜를 갚아야 하는 것이 사람의 도리이다. 그러나 세상이 어디 그런 것인가. 세상엔 남으로부터 철석같이 입은 그 은혜를 갚을 줄 모르는 사람이 얼마든지 있다. 인면수심의 얼굴을 하며 남의 은공을 망각하는 사람들은 대개의 경우 비명非命에 세상을 떠나는 사람의 사례를 나는 보았다. 그것은 하늘에서 내리는 인간 도의의 처벌을 받는 경우일 것이다.

이 세상엔 예부터 전해오는 감동적인 미담美談이 있다. 제주도에 있는 이름 높은 최씨崔氏부자의 조상이 그랬으며, 저 유명한 만덕萬德 할머니의 이야기는 세상 많은 사람들이 익히 알고 있는 사실이다.

가난한 사람이 배고플 때 그 허기진 배를 채워주거나 질병으로 돈이 없어 신음하고 있는 환자를 도와 살려주는 사람들도 있다.

이같이 후덕한 사람이 있는 한 세상은 그래도 살맛나는 것이다. 사람이 사람을 도와, 죽는 사람을 돕는다는 말은 듣기만 하여도 얼마나 가슴 벅찬 일인가. 우리가 사는 세상에 부를 가진 사람이 가지지 못한 사람에게 온정을 베푸는 일이 사회에 가득해질 때 세상은 밝아지고 조화를 이룰 수 있는 것이다. 자본주의 사회에서 기업을 일으켜 부호가 된 사람은 마땅히 부를 적절히 사회에 환원할 수 있어야만 그 나라는 온전히 발전해 나갈 수 있다는 것은 사회발전의 가장 기본적인 원리다.

비근한 예로 이웃나라 일본의 유명한 '마쓰시다'라는 쇼니 기업의 창업주는 젊었을 적에 한낱 보잘것없는 전기수리공으로 가난하게 살던 사람이었다. 그러던 그의 남을 도와주어야겠다는 후덕한 마음이, 후일 대기업주가 된 원동력이 되었다. 그는 기업이 번창해지자 착한 마음으로 남는 이익금을 모든 사원들에게 주株를 할당하여 나누어 줌으로써 그 기업이 대성을 이루었다는 유명한 성공담이 있다. 한 번 입사한 사원들은 회사를 자신의 회사로 여기며 회사를 끝까지 떠나지 않았다는 감동적인 이야기다. 기업주가 도리어 사원들로부터 받은 은혜를 잊지 않고 돌려주었다는 것이다.

다른 사람으로부터 받은 고마움을 다시 되돌려주며 감사할 줄 아는 인간의 양심이 살아있는 세상이 되었으면 좋겠다.

## ❽ 사회악의 끄나풀

자아를 버리고 무소유로 일생을 살다간 법정스님이나 성철스님 그리고 우리가 사는 이 메마른 세상에 사랑의 씨앗을 심고 가신 김수환 추기경, 그리고 아프리카에서 자신을 희생하고 사랑으로 불태운 이태섭 신부 등은 이 각박하고 메마른 시대의 거물로 우리들에게 참 인간의 모습을 가르쳐준 성인들이다. 이 같은 위인들의 정신을 천분지일, 아니 만분지일이라도 본받으려는 사람이 과연 얼마나 될 것인가.

우리나라에선 지금 불가사의 한 일들이 매일 늘어만 가고 있다. 이미 오랜 시간 횡행해 온 일이지만 이른바 종합병원을 표방하는 의료기관에서 환자들의 진료를 받으면서 필요이상의 특진비를 받거나 각종 검사를 받게 하는 등 환자들이 질병의 고통과 과중한 진료비 때문에 이중의 고통을 받고 있다는 사실이다. 이런 일을 정부나 보도기관에서 지적하고 있으나 조금도 시정 되지 않고 계속 횡행되고 있는 것은 참으로 슬픈 일이다.

간간히 심심치 않게 보도되고 있는 일이지만 밤이면 밤마다 유흥가에서 벌어지고 있는 일이 있다. 유흥가에서의 인신매매나 성매매, 불법노름을 단속하

는 과정에서 이를 단속하는 일부 경찰관이 이를 비호하는 웃지 못하는 사건들이 비일비재하다. 불법범죄자들을 적발 단속하는 경찰관이 그들의 끄나풀이 되어서야 되겠는가.

최근에 벌어지고 있는 대형 금융 사고는 좀처럼 수그러지지 않고 있다. 하룻밤을 지나면 또 다른 사건들이 계속 벌어지고 있는 현상은 무엇을 의미하는가. 전국 각지의 저축은행에서는 코 묻은 서민들의 예금이 몇몇 임원들의 불법대출로 사용되는 상상하기 조차 싫은 불미스런 사건들이 있었다. 이들의 비리와 불법행위를 눈감아 주는 감독 기관 등은 제2, 제3의 범죄를 유발시키는 끄나풀이 아니던가. 이런 사건들의 보도가 처음엔 적발과 동시에 요란스러웠으나 나중엔 이에 따르는 처벌사항이 유야무야 그 결과가 투명하지 않고 있다. 이런 일들은 대개의 경우 사건이 용두사미로 끝나고 마는 실정이다.

교육기관에서도 이런 좋지 않은 불미스런 일들이 번번이 일어나고 있다. 그 한 예로 어느 교장의 자택에서 수십억의 돈 다발이 발견되었다는 사건이다. 가장 청렴해야할 교육기관에서 이런 일이 벌어지고 있는 것은 참으로 통탄스런 일이다. 또한 국민의 의사를 대변하고 민생법안을 의결해야할 입법기관이나 나라의 행정을 짊어지고 있는 정부기관에 종사하는 공직자가 고액의 뇌물을 받고 그 대가로 인허가를 주는 불미스런 일들이 자주 발생하고 있는 것은 어제 오늘의 일이 아닌 것이다.

아시아의 모범국가인 싱가폴은 공직세계에서 수회사건이 발생하면 가차 없이 종신징역에 처하게 되는 것은 이미 세계가 다 인정하고 있다. 또 거리에서 휴지를 버리거나 담배꽁초를 버리는 사람이 발각되면 엄청난 벌금을 물게 된다는 사실도 있다. 뉴질랜드에서도 불량식품을 제조하거나 유통한 사실이 발각되면 모두가 종신징역에 처한다.

부정을 저지르는 범법자들은 모두가 사회악의 끄나풀인 것이다. 어디 이

뿐인가. 일반 상인들도 국민이나 소비자를 우롱하는 실례는 얼마든지 있다. 국민이 먹으면 생명을 빼앗기는 식품이나 약품을 제조하는 상인들의 속임수도 사회 도처에서 독버섯처럼 돋아나고 있다. 경제를 교란시키는 밀수가 나날이 성행하고 있으나 그 많은 밀수업자들은 모두 어떻게 처벌을 받고 있는 것인지 궁금한 일이다. 이밖에 각 기관에서 인허가 자격증을 문서 위조함으로써 남발하고 있다는 사실도 있다. 사회를 혼란시키고 있는 사회악의 끄나풀을 어떻게 발본색원할 수 있을지 참으로 나라 장래가 심히 우려되는바 크다 하겠다.

## ⑨ 우리는 왜 남을 미워하는 가

우리는 왜 남을 미워하는가라는 말은 비단 종교단체에서 외치는 말은 아니다. 그런 구호는 사람과 사람이 매일 같이 맞대고 사는 세상에서 언제나 일고 있는 말이다. 이런 말은 사람을 사랑한다는 말과 정면으로 대치되는 말이다.

사람들은 세상 살아가는 동안 온갖 질투와 시기로 사람들을 적대시하며 상대방을 비방하고 비난하며 사는 동물이다.

사람을 사랑한다는 말은 쉬운 듯하나 실제로는 그렇지 못한 것이 사람의 속성이다. 그러나 사람을 미워한다는 말은 어딜 가나 흔한 말이다. 사랑이란 태초로부터 하나님께서 죄 많은 사람들에게 내린 제 일 계명인 것이다.

우리는 하루에도 수없이 많은 사람을 미워하며 산다. 사람 사는 세상은 사랑보다 미움으로 가득한 세상인 것이다.

상대방이 자신보다 잘 생겼다든가 학벌이 높다든가, 돈이 많고 권력이 있다든가 등 온갖 이유로 자신보다 인격이 높은 사람에게 이유 없는 저항을 하

는 것이 예사로운 일이다.

집단사회에 가면 이런 현상은 여지없이 팽배해 있고 심지어 한 가정에서도 가족끼리 반목과 적대감정을 갖거나 품고 사는 것은 비일비재한 일이다. 주약 성경에서 카인이 자신의 형제를 살해했다는 말이 있다. 이 같은 인류의 원천적인 죄악 때문에 벌어지는 일이 아닌지, 참으로 이해하기 힘든 난제임에 틀림이 없다.

세상 모든 사람들이 서로 사랑하며 살아야한다는 것은 우리들의 이상이며 꿈인 것이다. 그러나 실지로는 사랑보다 미움 속에서 살고 있다는 것이 오늘 우리가 살고 있는 세상인 것이다.

사람들이 사랑하며 산다는 것이 얼마나 즐거운 일인가. 사랑을 베풀며, 사랑을 받으면서 사는 것은 우리들의 진정한 바람인 것이다.

오늘날처럼 사회적 경쟁이 심한 세상 속에서 사랑을 나누며 산다는 것은 힘들고 괴로운 일이다. 그렇기 때문에 사랑과 미움은 다 같이 어려운 과제에 속하는 것이다. 자고로 인류의 역사는 사랑의 역사이자 미움의 역사인 것이다. 사랑의 역사가 존재하는 한 인류는 평화와 안녕을 지닐 수 있다.

그러나 미움의 역사가 퍼지는 데서는 분쟁이 지속되고 나중에는 전쟁도 불사하게 된다. 사랑과 미움의 역사는 서로가 상충되면서도 그 본질은 죄 많은 사람들의 역사가 되고 있는 것이다. 미움이 가시고 사랑이 충만한 가운데 사람의 역사가 지속되면 하나님의 축복이 또한 하사될 것이다.

그러나 한시라도 미움이 설치게 되면 평화와 안녕은 파괴되고 하나님의 저주가 내려지는 것이다. 그러나 사랑이 포장된 가운데 내면이 미움으로 충족되면 그것은 진정한 의미에서의 사랑이라 말할 수 없는 것이다.

사랑은 화합과 평온을 수반하며 하나님의 축복을 받을 수 있는 것이다. 그러나 미움이 극도에 달하면 욕설과 비난이 수반될 뿐 아니라 결과적으로 폭력과 살상까지 몰고 오는 위험이 있다. 사랑보다 조금이라도 미워하는 감정이 앞선다면 사람들의 역사는 무서운 재앙과 오역의 역사가 될 뿐이다. 사랑과 화합이 조성되면 불가능한 일도 가능으로 만드는 길목까지 인도함을 받는다.

사랑의 힘은 창의력이 생성되며 진취성이 뒤따른다. 미움은 전진 아닌 후퇴가 거듭되며 최선을 다하는 사람의 마음을 흔들며 불가능을 가능으로 만드는 촉진제를 저해하게 된다. 사랑이여! 우리들을 즐겁게 만들며 우리들에게 환희와 희열을 가져가준다. 미움 속에 악을 품기 일보 직전에 미소와 사랑으로 대체할 수만 있다면, 이는 능히 신의 힘을 빌리지 않고서도 보통사람의 힘으로 일을 일구어 나갈 수 있는 법이다.

## ⑩ 주폭(酒暴)에 달리는 흉기

술 취한 상태에서 운전한다는 것은 얼마나 위험천만한 일인가. 술 취한 사람이 운전하는 그 차량은 언젠가는 달리는 흉기로 변하고 말 것이다. 이는 말만의 경고가 아니라 실지로 매일같이 일어나고 있는 교통사고가 되고 있다.

사람들은 술을 먹고 난 연후에 운전대에 앉는다는 그 자체가 위험한 일인 줄 알면서도 그대로 운전하는데, 그런 사람들의 심사를 알 수가 없다. 왜 그러는 것일까. 미국 같은 나라에선 술 취한 사람이 사고를 내면 설사 그 운전사가 대통령의 아들, 딸이라 할지라도 엄한 법에 따라 무거운 처벌을 받는다고 들었다. 우리나라에선 왜 취객이 사고를 냈을 때, 엄한 벌을 주지 않는 것일까. 고작해서 과태료를 부과하며 면허를 취소하는 정도로 끝나는 것일까. 아침, 저녁의 보도에 따르면 수없이 교통사고를 연발하고 있는 상황이다. '주폭'이라는 말은 술을 과도하게 마시면서도 상습적으로 운전대에 앉는 그 많은 술고래 운전기사를 일컫는 말이다. 달리는 흉기라는 말은 질주하는 차량이 무고한 사람을 마구 살상한다는 뜻이다.

왜 해마다 매일같이 교통사고로 죄 없는 사람들이 죽어가야 하는지 이해하기 어려운 과제이다. 이 같은 사고를 미연에 방지하기 위해서도 이를 취체하는 정부에서 강력한 벌칙을 만들어 일벌백계해야 하지 않겠는가. 이 짓궂은 교통사고는 날이면 날마다 늘어만 가고 있으니 이를 사전에 충분히 예방할 수 있어야 하며, 사고 발생 시에는 그야말로 엄한 형벌을 가할 필요가 있다.

운전대에 앉으면 각별히 주의를 해야 한다는 말은 백 번, 천 번 주의를 해도 부족함이 없다는 뜻이다. 비단 술 때문에 사고를 일으키는 경우 외에도 운전기사가 졸다가 사고를 일으키는 경우도 세상엔 흔한 일이다. 그렇기 때문에 무조건 술에 취하거나 졸면서 운전한다는 것은 절대 금물이라는 경고를 해주고 있는 것이다. 이밖에도 운전대에 앉아있는 기사에게 말을 걸어서도 아니 되는 것이다. 요즘 문명이 극도로 개발되는 바람에 사생아처럼 나타나는 내비게이션 같은 영상물이 차 내에 설치돼, 이를 보면서 운전하는 기사들이 대형 사고를 유발하고 있는 실례가 많아지고 있다.

여행하는 길이나 사업목적으로 차를 운전하는 길에서는 운전기사 자신의 생명은 물론 차안에 동승하고 있는 사람들의 생명이 얼마나 소중한 것인지를 하루 24시간 동안 줄곧 인식하고 있어야 하겠다.

사람의 생명을 경시하는 사회의 풍조도 사고발생에 한몫을 하고 있는 것이 사실이다. 일반적으로 사람들이 매일같이 저지르는 교통사고는 이 같이 생명을 가볍게 여기며 함부로 다루는 사람들의 상식이 문제인 것이다. 사고 이전에 사고예방에 필요한 교양, 교육도 참으로 중요한 과제다. 사고를 함부로 여기는 경박한 생각으로 인해 일어난 사고 후에, 일어나는 슬픔이 얼마나 큰 것인가를 인식시킬 필요가 있다. 차량사고가 일어난 후에 사망한 사람의 장례를 치루면서 비로소 교통사고라는 참혹한 일을 후회한들 무슨 소용이 있겠는가.

현대문명에서 필수불가결의 이기利器인 자동차를 타고 다니는 계층은 차를 이용하지 않고 있는 계층보다 갑절의 주의를 요한다는 말은 더 말할 나위가 없는 것이다. 차량운전에 대한 교육은 국가적인 차원에서도 절실한 것이라는 것을 망각하는 경향이 있다.

최근의 통계를 보면 나이 많은 노인층보다도 혈기왕성한 젊은 나이의 계층이 마구 난폭운전을 하는 경향이 가속되고 있다. 아무튼 젊은 나이에 술 먹고 난폭하게 운전한다는 사실은 참으로 우려스러운 일이다.

# 제5장

# 건강

## ❶ 가족이 회식하는 즐거움

가족이 한 자리에 모여서 회식한다는 것은 참으로 즐거운 일이다. 이 이상의 즐거움이 세상에 또 있겠는가. 그러나 이 같은 단란한 식사도 그리 흔치는 않다. 시간에 쫓기는 세상인지라 가족 가운데 이런저런 사정으로 멀리 떨어져있는 경우가 있어서 한 사람이라도 빠지는 경우는 얼마든지 있다.

그래서 요즘은 일터에서 근로시간을 조절하여 토요일과 일요일은 당연한 휴일이 되고 있지 않은가. 게다가 공휴일까지 겹치고 보면, 가족의 휴식시간은 그래도 여유시간이 생기는 법이다.

요즘 신종가족주의라 하며 가족만 아는 사람을 일컬어 이기주의자로 몰아가는 경향이 있다. 그러나 복잡다단한 사회에서 가족끼리 모여 여가를 즐긴다는 것은 매우 권장할 만한일이다. 가족끼리 여행을 함께 다닌다든가 또는 야외로 나와 가족 간의 신선하고도 순수한 대화를 시도한다는 것은 매우 즐거운 일이다. 솔직히 말하여 가족을 제치고 이 세상에 가장 가까운 사람이 누가 또 있겠는가. 그렇기 때문에 원천적으로 가족과의 만남은 즐거운 것이며 언제 나

반가운 것이다.

세상에서 가장 즐거운 시간은 누가 뭐라 해도 가족끼리 모여 앉고 식사하는 시간이다. 이 같은 가정의 기본질서를 깨는 것은 가족 간의 폭력사태가 생기거나 부모와 자신간의 세대갈등이 생기는 경우로, 이럴 때 가족의 화합은 이루어질 수가 없는 것이다. 가족 한 사람 한 사람이 다 함께 가족이라는 작은 공동체에서 자신이 짊어진 임무를 소홀히 하거나 태만하게 한다면 가족의 기본질서는 무너지는 것이다.

가족 중에 한 식구가 질병을 앓거나 어떤 뜻하지 않은 사고가 발생하여 가족 간의 유대의 힘이 나약해질 경우를 생각해 보았는가. 무사고, 무질병의 가족이 다 함께 한자리에 모여 화담을 나눌 수 있는 광경이 얼마나 좋은가. 아무런 탈 없이 가족들이 건강한 모습으로 한자리에 모인다는 것은 참으로 행복한 가정인 것이다.

아무런 사고나 탈 없이 가정이 언제나 행복을 유지할 수 있다면 이 이상의 바람이 또 있겠는가. 나는 하루에도 여러 번 가족에게 아무런 사고가 없기를 하나님께 기도하고 있다. 하나님이 늘 축복을 내려주고 우리가족을 보호해 달라고 기원하는 것이다. 이 같은 말은 세상의 모든 가족에게 다 같이 공통된 바람이 아니겠는가.

세상은 교통사고 같은 불의의 사고가 있는 경우도 적지 않다. 또한 지병으로 완치가 되지못하고 세상을 떠나는 불행한 일도 적지 않다. 이 같은 불우한 일을 당하지 않게 우리는 모두가 기도하고 또 기도해야 하는 것이다. 밤새 안녕하였는가하는 말은 인간이 가질 수 있는 가장 근심거리다. 잠시 후엔 어떤 불상사가 돌발할지모르는 것이 인간의 숙명인 것이다.

사람을 만나면 반가워하며 미소로 부드럽게 대해야 한다는 것은 우리 모두의 책임이며 임무다. 좀 더 반가운 표정으로 사람들을 대하는 것이 우리가 바라는 인생의 정답인 것이다. 아무리 열악한 환경에서도 이를 극복하고 살아남아야하는 것이 인간의 운명이며 삶인 것이다.

지금 사회 각계에서 나눔의 정성을 부르짖는 것은 이 같은 맥락에서 다함께 살아가며 다 함께 공생하자는 숭고한 정신에서 나오는 말이다. 가족이 속절없이 외식한다는 것은 좀 삼가는 것이 지혜로운 삶인 것이다. 외식은 국내 여행이나 외국여행을 할 적에 하는 것이 정석이다. 가능하면 가정 내에서 시장을 보고 가족이 다함께 모여 회식하는 것이 바람직한 가정상家庭像인 것이다. 외식을 지각없이 자주하는 가정이 언젠가는 가정이 파괴되고 가족이 탄탄하게 잘 사는 표상이 될 수가 없다. 나는 외식을 자주하는 가정이 파경에 이른 실례를 너무나 많이 보아왔다.

## ❷ 스타비스의 온천장

온천의 대표지인 충남 아산에 가면 자동차로 얼마 시간이 걸리지 않는 곳에 스타비스라는 온천탕이 있다. 흔히 일반 대중탕에서도 목욕은 인체 혈액순환에 도움이 되거니와 온천탕은 인체의 피부에 유황 등 유익한 물질이 함유되어 있기에 혈액순환과 갑절의 기분전환을 제공해준다.

옛날엔 온양온천에 사람들이 많이 찾아드는 원 탕이 많았다. 그래서 주말이나 휴일만 되면 많은 방문객으로 붐비었다. 온양이란 고장은 듣기만 해도 온천이라는 말이 연상되리만큼 위락지로 군림했었다. 어쨌든 온천탕은 사람들의 건강을 보호하는데 다시없는 휴식장소인 것이다.

이곳에서 열차로 몇 정거장을 장항선으로 달리다보면 도고온천이 있다. 주변이 매우 조용하고 온천물도 맑아 일등온천으로 공인하고 있다. 이 외 지역을 둘러보면 대전에 있는 유성온천 그리고 백암, 수안보, 덕산 등 이름난 온천이 산재해있다. 가까운 일본의 경우엔 유황 양이 그야말로 풍부하고 유수한 대형 온천들이 즐비해 관광객들을 맞아들이고 있다.

일상생활에서 지친 우리들의 피로한 몸을 온천탕에서 풀어준다는 것은 온천에 드나드는 객들에겐 다시없는 주말 휴양지인 것이다. 우리들의 건강을 보살피는 온천이 있으므로 해서 이 얼마나 즐거운 일인가. 온천욕은 신체상의 건강에도 유익하거니와 복잡한 현대인의 생활에서 머리를 잠시 식히는 정신건강에도 참으로 좋은 휴식처인 것이다.

온천물은 인체의 피부에만 효능이 있는 것이 아니고, 사람들의 체내에 있는 오장육부에 수증기와 따스한 온기를 주입시키는 작용으로 몸의 컨디션이나 상쾌한 기분전환에도 탁월한 효능을 갖고 있는 것이 분명하다. 우리가 이상적인 휴식처로 온천을 권유하는 것은 바로 이 같은 이유가 있다. 욕탕에서 섭씨 45도 이상의 온도가 작용하면 인체에 열이 과하게 올라 심장병을 갖고 있는 사람에겐 좋지 않은 것으로 주의를 요하고 있다.

일반대중탕에서도 온도계를 부착하고 있는데 이른바 열탕은 통상으로 43~44도 이하라야 하며, 온탕은 41~42도가 정상인 것은 다 알고 있는 상식이다. 온천물은 원천적으로 뜨거운 경향이 있으므로 급히 입욕하는 것은 금물이니 입욕 전에 손과 다리 그리고 온 몸에 물을 적시고 입욕하는 것이 심장에 부담을 주지 않는 것이다.

성급히 열탕에 뛰어들었다가 급사急死하는 실례는 얼마든지 볼 수 있다. 이 같은 주의는 일반 대중탕에서도 마찬가지다. 성급한 마음에 열탕에 뛰어들었다가 차츰 머리에까지 열이 올라가 자신도 모르게 말려 들어감으로써 돌연사하게 되는 경우도 있다. 이 같은 주의사항을 명심하는 것은 매우 현명한 사람이다.

탕 속에서 너무 오래 있다 보면 탈수현상이 발생하며 쓰러지는 수가 있다. 가장 이상적인 입욕횟수는 열탕과 온탕에 각각 세 번 들어가는 것으로, 그 이상 하는 것은 무리라는 것을 명심할 필요가 있다. 이 같은 사항은 내가 경험한 바에 의해 입증하고 있는 것이다. 그것은 욕탕에서 숨진 사람을 목격하고 매우 충격을 받은 사실을 말해주는 것이다.

우리가 일상생활에서 자주 겪는 일이지만 매사를 극에서 극으로 피하고 중용의 도를 지킨다는 것이 얼마나 중요한 일인가를 다시 한 번 상기할 필요가 있다. 입욕을 적절한 선에서 끝내주는 것이 좋은 방법이다. 과도한 선에서 무리하게 행하면 오히려 뜻하지 않은 해악을 초래한다는 이야기이다. 온양의 스타비스 온천을 소개하면서 많은 독자에게 온천휴식을 권하고 싶다.

## ❸ 누구나 청소부가 될 수 있다

아침에 일어나면 잠자리부터 정돈하고 방 주변을 말끔히 청소하며 깨끗이 한다는 것은 부지런한 사람이라면 누구나 할 수 있는 일이다. 이런 일을 마다하고 청소하는 일을 소홀히 한다면 그 사람은 이미 인생에 결격사유가 있는 사람인 것이다.

주변을 깨끗하게 청소하면 우선 마음이 맑아지고 나아가서는 머리가 개운해지는 데서 아침에 출발하여 하루 일을 원만하게 처리하는데도 큰 도움이 될

것이다.

그러나 이 같은 하루 일과 중의 기본을 소홀히 하거나 망각하는 사람이 된다면 아침 출발부터가 잘못되면서 밤에 잠자리에 들 때에는 아무런 수확을 얻지 못하고 그 귀중한 하루를 무모하게 허비했다는 결론에 도달할 것이다.

청소하는 습관은 참으로 좋은 습관인 것이다.

아침에 일어나 마음이 쾌적해 진다면 사람들이 모이는 사회는 정화되고 나아가서는 사회 전체가 조화롭게 잘 이루어진다는 것이다. 간혹 거리에서 환경미화원이 청소하는 광경을 쳐다보노라면 참으로 좋은 직업을 가졌구나 하는 생각이 든다. 직업상 생활전선에서 가족을 위해, 사회를 위해 그리고 나라를 위해 봉사하는 마음으로 거리를 청소한다는 것은 얼마나 신성한 일인가.

거리에서 뿐만 아니라 건물 안에서 열심히 청소하는 여인 청소부가 있다. 우리는 이렇게 청소에 종사하는 사람을 업신여겨서는 아니 될 것이다. 이들을 우대하고 이들의 권익을 위해 사회 모든 사람이 관심을 가져야하며, 나아가서는 나라의 관계 당국에서도 이들의 복지사업에 깊은 정책상의 배려가 있어야 하겠다.

나는 수십 년을 한결같이 조기 기상을 하며, 일어나면 먼저 침구부터 정돈하고 방안을 쓸고 닦는 일을 소홀히 하지 않고 있다. 노동은 신성한 것이니 주변을 청소하고 나면 마음이 상쾌해질 뿐 아니라 한 가정을 이끌어 나가는데, 자녀 교육에도 큰 모범이 되는 것이다.

성공하는 사람의 기초는 근면해야 하는 것처럼 게으름이 몸에 베인 사람은 인생을 한낱 유희로 여기고 자신의 앞날을 제대로 개척할 수 있는 자격이 없는 사람으로 낙찰이 될 것이다.

우리가 세상을 떠나는 날까지 노동을 해야 한다는 말이 얼핏 가혹한 말이 될는지 모르나 이 같은 작은 일에도 성실해야 한다는 것은 우리가 삶을 엮어

나가는데 있어서 당연한 이치에 속한다할 것이다. 우리는 누구나가 청소부가 되어야하며, 청소를 할 수 있다는 말은 자신의 자긍심을 가지는데 다시없는 지침이 될 것이다.

집 안, 주변이 불결한 사람은 마음부터가 불결한 사람인 것이니 나중에는 질병을 스스로 유발할 수 있다는 말은 귀담아야할 대목이다. 주변에 휴지가 나돌고 빈병이 굴러다니는 장면은 아주 아름답지 못한 현상이다. 간혹 외국여행을 갈 적에 눈 여겨 보면 거리가 청결한 나라일수록 선진국의 참모습을 보는 것 같아서 많은 교훈을 안고 돌아오는 실례가 많았다.

선진국을 돌아보면서 나라 안이 참으로 깨끗하고 잘 정돈된 것을 보며, 선진문화국가의 수준을 가늠하는데 청결이 중요한 역할을 하고 있다는 것을 깨달을 수 있었다. 문명이 발달된 문화국가에 걸맞지 않게 나라 안의 주변 환경이 불결한 나라는 없다는 철칙을 목격할 수 있었다.

선진국이라 함은 모름지기 환경이 매우 수려하고 청결해 있다는 사실을 볼 때 마다 많은 것을 일깨워주고 있다. 청소라는 말이 단지 사소한 단어에 그치는 것이 아니고 사람의 육신을 깨끗이 하고 사람의 정신을 옳게 인도하는데 중요한 매체가 되고 있다는 귀한 사실을 몇 번이고 되짚어 본다.

## ❹ 건강이 제일이라는 말

건강이 행복한 조건의 제 1순위에 있다는 것은 더 말할 나위가 없다. 건강한 사람을 보면 만나는 사람도 매우 유쾌한 기분을 갖게 마련이다. 얼굴이 창백

한 사람을 보면 어딘가 병색이 역력하다는 것을 알 수 있다.

건강한 몸에서 건강한 정신이 깃든다는 것은 너무나 상식에 속하는 말이다. 그만큼 건강은 인생에 있어서 매우 소중하고, 건강이 약화되었을 때에는 삶에 대한 꿈도 차츰 희색해가는 것이다. 건강은 하루아침에 이루어지는 것이 아니다. 평소부터 오랜 시간 건강관리를 철저하게 그리고 세심하게 주의하는데 있다.

건강은 병원의 의사가 관리하는 것이 아니고 바로 자신이 관리한다는 데 깊은 의미가 있다. 건강을 지키는 것은 한 가족 중에 배우자도 아니며 자식들도 아니다. 자신의 건강을 자신이 소홀히 한다면 하늘도 무관심하고 돕지를 않는다는 것은 사람에게 부과된 하나의 철칙에 속한다. 어제까지도 건강해 보이던 사람이 갑자기 돌연사하는 일은 평소부터 오랜 시간 자신의 몸속에 병이 자라고 있다는 사실을 소홀히 한다는 데서 발생하는 것이다.

요즘사람들이 갑작스럽게 쓰러지는 병 중에 뇌졸중이나 심장 마비와 같은 병은 사람의 힘으론 어쩔 수 없는 위급한 병이라고 하지만, 이러한 부류의 돌연사도 사실은 상당기간 병세를 돌볼 수 있는 시간의 여유를 하늘에서 주었다고 하는 말은 매우 설득력 있는 말이다.

한 가지 분명한 것은 발병초기에 의사의 신속한 진단을 받고 병이 악화되지 못하도록 치유하는데 전력을 추구해야한다는 말도, 강한 의지와 간절한 소망이 뒤따라야 한다는 것처럼 당연한 이치에 속한다. 사람이 노쇠하여 퇴행성으로 인한 발병도 연장할 수 있다는 말이 극히 상식에 속하는 말인 것이다.

건강은 세상 무엇과도 바꿀 수 없는 가장 소중한 것이라는 말은 인생을 엮어 나가는데 있어서 커다란 철리인 것이다.

우리는 권력도 금력도 건강을 해친 상태에선 아무런 소용이 없다는 것이다. 이미 일반에게 널리 알려진 건강의 3대 원칙인 잠 잘 자는 쾌면과 잘 먹는 쾌식과 대변 잘 보는 쾌변이 있는 것이다. 이외에 건강의 7대 원칙도 있다. 하루에 만보이상 걷는다든가 과로로 인한 피로와 긴장을 피한다든가 하는 등의 규칙을 준수한다면 이는 벌써 건강을 지키는 제1조를 마친다는 말과 같다. 소식과 기름기를 피한다든가 하는 등의 식사요법도 건강을 지키는데 중요한 요인이 되고 있다.

인생을 승리로 마치고 성공을 기한다는데 있어서는 첫째도 건강이며, 둘째도 건강이며, 셋째도 건강에 있다는 것은 하루 24시간 명심해야할 과제인 것이다. 매일의 건강에서 간단하고 손쉬운 요법이 있다면, 아침에 일어나면서 머리와 몸통이 소통할 수 있게끔 목을 백 번 문지른다든가 손가락과 발가락을 문지르면서 혈액순환을 촉진시킨다든가, 세수할 때 눈동자를 약간 비빈다든가 하는 식의 건강법도 매우 도움이 되고 있는 것이다. 과도한 기계체조는 오히려 건강에 무리를 자초하는 경우도 있으니 주의할 필요가 있다. 그러나 간단한 국민 보건체조와 같은 운동은 건강유지에 매우 유익한 것이다.

우리는 매일의 생활에서 건강이 제일이라는 신념과 의지를 가져야 조금이라도 장수의 길로 가는 지름길이 될 것이다.

## ❺ 커피 한 잔의 즐거움

커피 한 잔에도 큰 의미가 있다는 사실을 나는 최근에 와서야 알았다. 커피 한 잔을 마시고 나면 가슴 속이 후련해지는 것은 웬일 일까. 몸속의 오장육부가 다 편안해지는 것을 아니 느낄 수 없다.

오래전 커피가 우리나라에 처음 들어왔을 때는 커피가 몸에 그리 유익하지 못하다는 말을 들은 적이 있다. 커피가 지니고 있는 생리가 서유럽 사람들의 체질에 맞는 기호품이라 여겼다. 그것은 육류와 치즈, 버터 등 기름진 음식을 많이 먹는 서양인이 주로 마시는 것으로만 알았다.

한 때 커피가 몸에 유해하다는 것으로만 들었는데 최근에는 하루 한 두 잔의 커피는 그 성분이 인체 내의 간에도 좋다는 설도 있다. 지금 우리나라 사람들에겐 일상생활에서 마시지 않고는 못 견디는 기호품이 된 것이다.

요즘 젊은이들에게는 물론 중년층이나 나이 먹은 노년층도 커피 없이는 못 사는 세상이 되고 말았다.

언제부터 인지는 몰라도 서유럽 문명이 우리나라에 상륙하면서 우리의 식탁에서부터 모든 식생활 문화가 서유럽화 된데서 비롯된 것이 사실이다. 우리가 옷 입는 것부터 모자, 신발, 기타 모든 생활 풍속이 서유럽화 되었다는데 있다. 거리에 고층빌딩이 숲을 이루고 자동차가 길가에 범람하고 보니 우리의 문화생활도 외국에 뒤떨어질세라 너도나도 분에 넘치는 치장을 하고보니 커피도 예외가 아닐 수 없다는 것은 당연한 귀결인 것이다.

나는 아침에 식사를 끝내면 의례히 커피 한 잔을 마시지 않고는 못 견디는 신세가 되었다. 커피는 혼자 마시는 재미도 있거니와, 거리에 나가 사람들과 담소를 나눌 때에도 서로의 소통과 정보를 교환하는데 없어서는 아니 될 절대적인 음료가 된 것이다.

커피는 혼자의 성찰에도 필요하거니와 나 아닌 다른 사람과 정서를 교환하는 데에도 다시없는 기호품이 된 것이다. "야아, 커피 한 잔 마실래?" "오오, 커피 한 잔 마십시다."하며 사람들끼리 커피로 정을 나누는데 얼마나 좋은 기호품인가 말이다.

과도한 커피는 피할 수도 있으나 하루 한 두 잔의 커피는 자신의 피로를 풀어줄 뿐 아니라 남에게도 안락과 평안을 주는 매체의 구실을 톡톡히 하는 것이다.

일설에 의하면 커피는 인체에 무작정 해를 준다는 것이 아니고 몸을 보호해준다는 역할도 한다니 커피를 마시는 기호가들에게 위안이 되지 않을 수 없다. 커피를 마실 때에는 식사 전에 커피를 마시는 것보다 식사 후에 마시는 것이 몸에 유익하다는 말도 있는 즉, 잠자는 시간엔 되도록 피하는 것이 커피요법의 정설이 돼있다는 것을 유의할 필요가 있다. 자신의 몸에 병을 안고 있거나 특별히 위장이 약한 사람은 되도록 삼가라는 것이 하나의 상식으로 여겨져야 할 것이다.

커피 한 잔을 가지고도 인생을 좀 더 멋지게, 좀 더 풍요롭게 살수만 있다면 이 얼마나 즐거운 일인가. 모름지기 건강한 사람에겐 커피 한 잔으로 사람들과의 고락을 만끽할 수 있다면 이 얼마나 유쾌한 일인가. 비록 커피한잔이지만, 풍기는 향기로움이 참으로 사람들의 마음을 은근히 이끌어 주는 멋이 될 수 있다면 이 얼마나 아름다운 일인가.

## ❻ 우수(憂愁)에 찬 헤밍웨이

미국의 문호 헤밍웨이의 사진을 보면 우수憂愁에 찬 모습을 볼 때마다 내 마음을 설레게 만든다.

1999년 11월 4일, 나는 헤밍웨이의 생가를 찾았다. 미국 시카고에서 전철로 약 45분 간 달리면 맨 마지막 종점에서 두 번째 정거장인 오크파크라는 한

작고 한적한 도시에 다다른다. 이곳은 마치 헤밍웨이를 위해 존재하는 것처럼 도시 전체가 평일에도 온통 들떠있는 축제 분위기를 풍기고 있다.

버스로 한참 가면서 운전기사에 물으니 헤밍웨이의 생가를 가르쳐주었다. 헤밍웨이가 어릴적에 자랐다는 외갓집을 누군가가 가르쳐주어 가보았다. 마침 내 옆에 있는 헤밍웨이 생가라고 하는 아담한 3층집을 찾았다. 짙은 가을철이라 마당엔 벌겋게 물들인 단풍잎이 수북이 쌓여 있었다.

집 현관에 마련한 방명록에 나는 내 이름을 크게 적어놓고 사인하였다. 헤밍웨이가 태어난 생가 집이라니, 그야말로 감개무량하였다. 2층엔 헤밍웨이에 관한 서적들과 그가 살아생전 썼다는 육필원고가 진열돼 있었다.

그가 매일같이 애지중지하며 만졌던 컴퓨터를 보니 감회가 더욱 새로웠다. 3층엔 평소 그가 사용하던 가구들이 진열돼 있었다.

거리 한복판에 나와 보니 이곳이 바로 헤밍웨이를 기념하는 곳임을 강조하듯 집집마다, 건물마다 축제의 깃발들이 나부끼고 있었다. 한 건물 안에 들어서니 그에 관한 유명서적들이 발간돼 전시대에 즐비해 있었다.

나는 서울시청 지하도를 걸어가는 길목에서 초상화를 그리는 가게 쇼윈도에 걸려있는 헤밍웨이의 초상화를 가끔 들여다보고 가는 습관이 생겼다.

내가 헤밍웨이를 좋아하게 된 이유는 초상화에서 풍기는 짙은 우수에 잠겨있는 얼굴과 보기 좋게 얼굴을 장식한 수염을 좋아하기 때문이다. 더욱이 그의 작품을 좋아하는 이유는 또 있다. 그의 소설문장이 언제나 간결하고 짤막하게 대화형으로 구성돼 있다는데 있다. 그러나 짧은 문장 속에서도 나에겐 각별한 의미를 던져주고 있었다.

그가 세계적인 문호로 명성을 가지게 된 데에는 단순히 노벨문학상을 수상한 사람이기 때문만은 아니다. 그의 작품이 전쟁과 평화라는 커다란 테두리에서 세계 사람들에게 큰 감동을 주고 있기 때문이다. 그는 피비린내 나는 전쟁터에 실제로 종군하면서 단순이 명예 따위의 욕망이 아니고 세계인류 평화에 대한 헌신적인 노력과 염원을 그의 작품에 담았다는 데 있다.

그는 자신의 창작 능력에 한계를 느낀 나머지 61세의 나이로 자살을 기도해 생애를 마감한, 그의 생에 대한 강박관념과 그 용기가 참으로 가상한 것이다. 미국 태평양 연안에 있는 워싱턴 주의 아이다 호수에 있는 썬벨리 계곡에서 엽총으로 자신의 목 안에 엽총을 쏘아대며 최후를 마친 위대한 작가였다.

초상화를 볼 때마다 인간의 고독과 향수를 심도 있게 묘사했을 뿐 아니라 그의 고뇌는 진지한 인간애를 어떻게 하면 적나라하게 표현할 수 있을까에 관해 고민했던 위대한 작가의 풍모가 떠오른다. 그는 떠났으나 그가 남긴 여운은 세계 많은 사람들의 기억에 아직도 사라지지 않고 있다. 그의 초상에서 일러주는 멧시지는 늘 마음에 살아있다. 나는 지금도 애수에 찬 헤밍웨이의 영원한 초상을 쳐다보며 살아가고 있다.

## ❼ 분통을 못 이겨

분통이 터져서 못살겠다는 말이 있다. 오늘 우리가 살고 있는 세상이 너무나 분통이 터지는 일들이 많다. 사회적 분노를 참을 수 없다는 말이다.

불과 20여키로의 거리를 앞둔 군사분계선에서 남북한이 극한사항으로 치닫고 사실을 알고 있는 것인가, 긴장을 한시도 풀 수 없는 불안한 상황에서 안보에 너무나 무관심 하다는 것이다. 국민들의 안보불감증을 어떻게 설명해야

하는가, 외국사람들이 처음 한국에 발을 들여 놓았을 때 참으로 이해할 수 없는 한국 국민들의 안보의식을 보고 이상한 생각이 든다고 했다.

국민들의 마음이 어떻게 이처럼 평안할 수 있는가 하는 이야기이다.

우리가 지금 살고 있는 이 사회엔 매일같이 느끼는 불가사의한 일들이 적지 않다. 국민을 대표해서 뽑힌 국회의원들이 국회에서 의정업무엔 신경을 쓰지 않고, 정파 간의 이해관계로 폭력이 난무하는 난투극을 벌이는 것이 예사로운 일들이다. 이 바람에 민생법안은 뒷전에 두고 허구한 날 치고받는 분쟁을 일삼고 있다.

그런가 하면 고위 공직자들의 범법행위에 나라는 너무나 관대하다는 것이다. 국민들의 지탄을 받고 있는 범죄행위에 대해서 응분의 처벌을 가하지 않고, 국민들이 납득하지 못할 만큼 사법처리를 한다는 것이다. 다시 말해 응분의 엄중한 처벌이 없다는 것이다. 심지어 금융계의 대형 사건들이 유야무야하며 처음엔 엄청난 사건으로 보도 돼지만 그 후의 처벌사항에 관해서는 잘 보도가 안 되고 있다는 것이다.

이밖에 교육계에서의 낯 뜨거운 비리, 상인들이 불량식품을 마구 제조·유통하며 폭리를 챙기는 일. 이외에도 얼마나 많은 부정부패의 사건들이 꼬리를 물고 계속 벌어지고 있는가.

선량한 사람들을 속이는 사기 사건들도 얼마든지 볼 수 있다. 일일이 열거할 수 없을 만큼 불가사의한 일들이 이루 말할 수 없이 많은 실정이다. 일반 사회적 범죄행위는 사회 각계에 독버섯처럼 번지고 있다.

달리는 차량들은 매일같이 사람을 죽이는 흉기로 등장하고 있다. 술 취한 사람들은 절대로 운전하지 말라는 말은 귀가 따갑도록 사회전반에 경종을 울리고 있다. 아무리 떠들썩한 주의를 주어도 막무가내다. 술 취한 기사들이 차를 질주시켜 사람들을 살상하고 있다. 술을 마시고 차를 운행하는 범법자들에게 정부의 관계당국은 발본색원 할 수 있는 행정조치를 왜 못하고 있는 것인가. 얼마나 많은 사람들이 매일같이 도로상에서 숨을 거두고 있는가.

부끄러운 불상사들이 어디 이뿐인가. 중고등학생인 10대 미성년자들이 성폭행하고 있는 사태가 만연하고 있는 것이다. 이 같은 범죄 상황은 그 책임이 교육을 담당하고 있는 교사들은 물론 비행소년들의 학부모에게도 충분한 책임이 있는 것이 아닌가.

불량학생들이 선량한 학생들을 왕따 시키고, 금전을 갈취하며 나중에는 피해학생을 자살에 까지 이르게 한 일들을 어떻게 막을 것인가. 왜 이런 일들이 계속 벌어지고 있는 것인가. 정부나 일반사회가 너무나 무관심한 상태에서 일어나는 사건들이다. 정부통계에 따르면 생활고로 자살을 시도하는 사람이 하루에 40여명 발생하며, 젊은이가 결혼하면 5명중 3명이 이혼한다고 한다.

이런 현상은 마침내 저출산으로 번지고, 이 사실은 우리나라가 아시아에서 1위를 점하고 있다는 것이다. 이 혼미한 사회에서 어떻게 밝은 미래를 지향할 수 있겠는가.

## ❽ 금연판에도 막가는 흡연자

금연표지판 앞에서 담배를 판매하는 상점이 있다면 이를 어떻게 설명해야 하는 가. 담배가 인체에 백해무익하다는 말은 건강을 챙기는 사람들 외에도 다 아는 사실이다. 그런가 하면 담배를 제조하는 국가의 공공기업체는 왜 담배를 제조하고 있으며, 정부의 세입에 혈안이 되고 있는가, 이 기묘한 문제는 매우

아이러니한 문제인 것이다.

이 같은 논리는 담배는 해로우니 적당히 피우고, 금연 장소에서만 금연 하라는 말인가. 어쨌든 밀치고 빠지는 세상 같아서 매우 씁쓸한 생각이 든다. 나는 젊었을 때 한때 담배를 하루에 두 갑씩 피운 담배광 이었다. 그리고 술도 맥주정도는 마구 마시는 맥주 애호가였다. 그러나 건강을 생각해서 이미 50대에 담배를 끊고 술도 끊은 상태이다. 매우 잘한 일이라고 지금도 생각하고 있다. 남에게 담배를 권하거나 술을 권하는 일도 없어서 좋은 기분을 갖고 살아간다. 내 개인의 일신상의 이유로 담배와 술을 단절한 것이다.

요즘 흔히 일반사람들은 담배를 좀처럼 끊기 어렵다는 푸념을 하고 있다. 또한 작장이나 집단생활에서 술을 끊는다는 것은 어렵다고 말하고 있다. 그러나 아침저녁 식사할 때 포도주 한 잔을 마신다고 술 마시는 사람이라고 몰아쳐서는 안 될 것이다. 이는 담배를 피워야 할 경우와는 다르다 할 것이다. 우리가 담배와 술이 좋지 않다고 힐책하는 말은 담배나 술을 몹시 마시는 계층에 성매매와 도박을 일삼는 사람들이 많다는 것이다.

어쨌든 술과 담배가 사람에게 해악을 준다는 것은 수긍이 가는 말이다. 술을 과도하게 마시는 술꾼은 나약한 인체 내의 간장에 알코올성분이 배서 중독증이 걸릴 위험성이 있다는 것이다.

또한 흡연이 심하면 일반적으로 폐결핵에 심대한 피해를 준다는 것은 거의 상식에 속하는 말이다. 국민건강을 염려한다면 금연게시판의 글을 좀 더 눈에 띄게 크게 써넣거나 금연 단속반이 착실하게 금연구역을 돌면서 금연조치를 강화할 필요가 있다.

담배를 몹시 많이 피우는 사람의 주변은 2중, 3중으로 간접해악이 적지 않다. 담배연기에서 나오는 니코틴 냄새는 인체에 심한 피해를 준다는 사실이다. 나중에는 폐암에 이른다는 무서운 선고가 기다리고 기다리는 것을 흡연자 자신은 물론 주변 사람들에게 주지시킬 필요가 있다. 우리가 다 잘 아는 영화배우가 담배를 너무나 심하게 피우다 나중에는 폐암에 걸려 예고 없이 생을 마감한 사실이 있지 않은가. 담배를 입에 물고 있으면서 그 특유의 웃음으로 사람들에게 마지막 인사를 고하지 않았는가.

우리가 단순히 금연광고를 보고 웃음에 넘기는 경향이 있으나, 인체에 담배 연기가 얼마나 해로운가 하는 것에 깊은 인식을 가져야 할 것이다. 담배를 조금 피운다고 하여 얼마나 인체에 피해를 가져오겠는가 하는 흡연자의 말을 귀에 담을 필요가 없는 것이다. 조금 피운다는 그 자체가 인체를 좀먹게 한다는 엄연한 현실을 모든 흡연자들은 조금이라도 걱정해야 할 문제인 것이다. 일이 잘 안 풀린다든가 불리할 때, 우울할 때 담배를 피우는 모든 흡연자들의 공통된 변명이다. 그러나 담배 연기가 사람의 뇌에 침입했을 때 뇌신경이 조금이라도 마비된다는 사실은 많은 사람들이 모르거나 망각하고 있다.

담배는 모름지기 인체에 결코 유익한 것이 못 된다는 사실을 언제나 명심해야 할 줄로 안다.

## ❾ 저기 붕어빵 가게가 보인다

비오는 날엔 길모퉁이 사람이 잘 지나는 길목에 붕어빵을 만들어 파는 사람이 보이지 않는다. 그 앞을 지날 때면 마음 한구석이 허전한 생각이 든다. 나는 빵집의 뜨끈뜨끈한 붕어 빵을 사들고 길을 가면서 먹은 적도 있다.

저녁나절 집으로 갈 때가 되면 늘 배고픔을 느낀다. 그래서 이 붕어빵을 사

먹는 습관이 생겼다. 솔직히 말해 붕어빵을 파는 그 사람을 친근하게 여겨서 그러는 것은 아니다. 그 따끈한 빵이 여간 맛있는 것이 아니다. 붕어빵 안에는 팥이 들어 있어 더욱 맛을 돋운다.

붕어빵을 파는 사람은 얼마나 벌이가 되는 것인지 몰라도 잔돈 만지는 재미가 있을 것이다. 세상 사람의 눈초리를 외면하면서 빵을 팔아 그나마 생계를 돕는 것이 아니겠는가.

날씨가 좋아서 계속 매일같이 빵을 팔수 있다면 얼마나 좋겠는가. 그러나 짓궂은 날씨가 불어 닥칠 때가 되면 손수레 포장 빵집엔 사람이 안 보인다. 바람이 몹시 불거나 비가 쏟아지는 날, 그리고 겨울철 눈이 쏟아져 사람들이 길 다니기가 불편할 때에는 빵 굽는 냄새가 멀리서도 나지 않는다. 내가 한두번 본 것이 아니다.

아무리 이사를 다녀도 내 마을동네에는 이 붕어빵집이 눈에 띄는 것이 보통이다. 붕어빵집 손님들은 어린아이들만이 아니고 간혹 점잖은 어른들도 반가운 고객이 되고 있다.

이 붕어빵 외에도 철도열차가 경부선이나 호남선을 달릴 때면 천안역을 들리게 된다. 천안역 구내를 비롯해서 역 주변은 유명한 호두과자가 즐비해 있다. 이 호두과자, 호두빵은 맛이 좋아서 사먹는 사람이 많아 보인다. 나도 천안역을 지날 때면 대개의 경우 호두빵을 사들고 집으로 돌아온다. 이 호두빵의 맛은 호두가 빵 안에 들어 있기는 하나, 여느 길가에서 파는 붕어빵과 크게 다를 게 있겠는가.

호두빵에 맛들인 사람일지라도 길목에서 파는 붕어빵도 같은 밀가루 반죽에서 구운 빵과 그 질이 별로 다를 것이 없는 것이다.

붕어빵은 물빵이라고도 한다.

그러나 붕어빵집을 피해가는 것은 붕어빵을 팔고 있는 사람을 천하게 여기는데서 나오는 생각인지, 그렇지 않으면 붕어빵은 너무 볼품이 없어 먹는 것에 인색한 것인지 모를 일이다. 그 옛날 어떤 철학자는 한낮 꽃병에서 철학을 익혀 어떤 천리를 도출했다 하지 않았는가. 거리에서나 골목 안에 자리 잡고 있는 붕어빵은 그 모습을 선보인지 오래된 것이라 꽤 오래 된 이야기가 숨겨져 있다. 원래는 붕어빵이 거리에 등장하기 전엔 미국에서 갓 들어온 핫도그라는 것이 있었다. 그 핫도그가 거리에서 장사가 잘되어 상당한 돈을 모았다는 사람도 있었다.

1987년 우리나라에 IMF 경제위기에 처해있을 때 대기업에선 이른바 구조조정이라 하여 많은 사람들의 본의 아니게 퇴직을 하게 되었던 때가 있었다. 이들은 모두가 자타가 공인할 만큼 중산층에 속했다가 어느 날 갑자기 빈곤층으로 전락된 사람이 많았다. 이때 많은 퇴직자들이 퇴직금으로 포장마차를 차렸다가 실패한 사람이 얼마나 많았는가.

이들은 생계를 이어나가기 위해 한때 포장마차 외에도 이와 유사한 오뎅꼬치나 붕어빵을 굽는 가게를 연 실업자들도 있었다는 사실을 세상 사람들은 이 고단한 인고忍苦의 세월을 보낸 사실을 얼마만큼 기억하고 있는 것인가. 나는 붕어빵을 사먹으면서 이런 사실들을 생각해 보았다.

## ⑩ 월요병에 우울증

직장생활을 하는 사람이 가장 싫어하는 날이 월요일이라고 한다. 월요일에 막 출근하자니 몸이 시원치 않다는 것이다. 월요일에 출근하기 싫다는 병이 월요

병인 것이다. 월요일의 날씨가 흐리거나 비가 내리는 날엔 흔히 우리가 말하는 우울증이 돋아난다는 것이다. 이런 때 음악은 우울증을 치유하는데 가장 특효의 양약이라고도 한다. 그러나 월요병을 제대로 치유하는 데는 본인 자신의 자기노력도 있어야 하거니와 출근을 부추기는 가족들의 정성이 함께 어우러져야 한다. 사실상 어느 기업체나 기관에서도 월요일은 그 주일의 첫날이라 앞으로 일주일의 시간표를 짜기 위해 회의가 열리기 마련이다.

첫째 날에 사람들이 그곳을 방문하는 것 자체를 꺼리게 되는 이유가 여기에 있다. 그래서 월요일엔 제일 못마땅하게 여기는 사람이 바로 상품을 판매하는 세일즈맨인 것이다.

그러나 월요일을 기대한다 해도 주말인 토요일과 일요일은 공치는 것이다. 이런 경우 금요일은 또 어떤가, 금요일은 대개 주말의 휴식에 대비해야하는 실질적인 예비주말이 되는 셈이다.

그렇기 때문에 실지로 활동할 수 있는 날은 월, 화, 수, 목요일이 해당되는 것이다. 이때 다시 골칫덩어리는 어쩌다가 닥치는 법적공휴일로 그 한 주일은 공치는 시간이 많아 질 것이다.

월요병에 시달리는 세일즈맨은 참으로 고달픈 것이다. 그러나 월요병에 젖어 마음이 무작정 우울해 진다면 저들의 삶은 일보 후퇴하는 게으른 자의 날들로 계속 전락하게 되고 말 것이다. 하루 24시간을 뛰어도 부족한 직장인이 월요병이라는 신세타령은 속도를 가해야 되는 세상이치에 합당치도 않은 초라한 신세를 자초하고 마는 것이다. 월요일이야 말로 느림소보다 더 돌진하는 날로 정하고 허리띠를 졸라맬 수만 있다면 월요일의 우울증은 어디론가 사라지고 말 것이 아닌가.

어쨌든 월요일만큼은 조심스런 날임이 분명하다. 한 달 동안 내내 월요일은 닥쳐올 것이니 이 월요일의 우울증만 쫓아 버릴 수만 있다면 몇 갑절 분량의 활력이 넘쳐흐를 것이다. 이 말의 의미는 월요일엔 더욱 분발하여 공전의 성과를 거둘 수 있다는 말과 같다.

아침의 새벽시간이 그날 하루의 출발을 고하는 영시를 가리키는 것이라 한다면 월요일은 그 한 주일의 출발에 기염을 토하는 영시가 될 것이다. 월요일 하루를 잘 출발한다면 그 나머지 요일들은 자연스레 풀려 나갈 수 있을 것이다. 이런 의미를 잘 터득한 기관에서는 공휴일을 월요일이 아닌 다른 날로 정하는 곳이 많아졌다. 종교단체에서는 주일이 예배 보는 날인지라 월요일을 쉬는 날로 정하고 있어, 긴장이 일어나는 월요일을 휴일로 정하고 있다.

기관이나 기업에 종사하는 사람 외에 자영업을 하고 있는 사람에겐 아침 일찍이 집주변의 가까운 공원 같은 곳을 산책하고 나서 우울해지는 월요일을 피한다면 상쾌한 마음으로 영업에 임할 수 있지 않을까. 월요일이란 편의상 사람이 만들어 놓은 요일이라고 보면 우울증이 하필이면 월요일에만 올 것이 아니지 않겠는가.

월요일은 모든 사람들이 휴식을 취한 주말이 토요일과 일요일이 연달아 겹치다 보면 유휴 하던 신체의 고단함이 계속된다는 데서 일종의 정신적인 우울함으로 귀결이 된 것이다.

신체상 피곤함의 연장이 아니고 다시 기를 찾는 첫날이라는 데서 우울증은 자연히 사라지고 마는 것이다. 한마디 활기찬 월요일임을 구가할 수 있는 마음의 여유가 절실히 필요한 것이다.

# 제6장

# 조국

## ❶ 안보에 불감증이

안보 불감증이라는 말은 우리 국민들의 귀에 매우 심각하게 들리면서도 또 한편으론 아주 생소하게 여겨지는 때가 있으니 그야말로 문제가 아닐 수 없다. 우리가 살고 있는 이 땅위엔 아직도 항구적인 평화가 정착되지 않고 있으니 이에서 파생되는 모든 긴장의 개념이 바로 안보에 직결되고 있음을 의미한다.

다년간 외국에 머물렀던 한 한국인이 모처럼 모국을 방문했을 때 그에게 비친 조국의 긴장상태가 너무도 시각차이가 있다는 것이다. 그것은 남북한의 현재 대치상황에서 어떤 때는 미국의 언론보도가 너무나 떠들썩할 만큼 긴박한 듯하였으나, 막상 국내에 와보니 평온하기 이를 데가 없다는 것이다. 이런 정황을 어떻게 설명해야 할 것인가.

지금 국민들에겐 안보감각이 어느 정도인지 아니면 아예 도외시 하는 것인지 어쨌든 이상기온이라는 것이다. 한반도의 휴전협정은 올해로 이미 반세기를 넘고 있다. 그러나 휴전은 그래도 준전시상태를 의미하는 것이지, 휴전이 곧 평화를 말하는 것은 아닌 것이다. 그럼에도 불구하고 휴전이 마치 평화인

양 보고 있으니 이를 두고 안보불감증이란 말이 나올법하다. 지난번 천안함 폭침사건, 연평도 포격사건 등이 발생했을 때엔 우리의 안보에 대한 긴장감이 고조되었으나 지금은 다시 평온한 상태가 되고 있다. 한국전쟁 이래 한반도의 휴전상태는 항시 불안전한 안전판의 구실을 해 오고 있으며, 이 안전핀이 빠지는 날엔 전쟁이 다시 촉발할지 모르는 일이다.

1953년 우리는 미국으로부터의 휴전강요에 못 이겨 그 대가로 얻어낸 한·미 방위조약이 오늘 한·미군사 동맹의 모태가 된 것이 사실이다. 그러나 양 국가 간의 군사적 유대가 파괴될 때 그 후의 사태는 과연 어떤 형태의 위험으로 올 것인가는 아무도 예측할 수 없는 일이다. 6.25직전 이른바 미국의 애치슨라인으론 한반도가 미 국동방위선상에서 제외되자 이듬해 1950년 한국전쟁이 발발했다는 엄청난 사실과 또한 1970년대에 와서 미국의 카터 닥트린으로 주한미군이 전면 철수하게 되자 한반도에서 다시금 전쟁 재발의 위기를 맞을 뻔했던 시기를 상기해 보자.

지금 이 시점에서 한미작전권의 환수시기가 2015년까지 연기되었다고는 하나 그 이후엔 또 어떻게 할 것인가. 우리가 어렵게 마련해 낸 자유민주주의와 시장경제의 터전에 어떤 돌발된 변혁이 오거나 파괴되어서는 아니 될 것이 아닌가. 모든 한국민들이 이 시점에서 가져야할 안보관은 그 어느 때보다도 강조되고 튼튼해야 된다는 것을 우리가 백번 주장하여도 부족함이 없는 것이다.

이제부터라도 우리는 하루바삐 안보불감증을 불식하고 한·미간의 공고한 안보 기반 위에서만이 대한민국은 장차 미래를 지향하며 유지, 발전해 나갈 것이라는 확고부동한 신념을 가져야 할 것이다. 우리는 북한의 군사력을 언제라도 격파할 수 있는 강력한 최첨단 무기를 갖추어야 하겠으며 이와 동시에 국군의 강력한 정신전력 그리고 온 국민들의 위기의 역사의식과 한곳에 뭉칠 수 있는 안보의식에 대한 확고부동한 신념을 견지해야 할 것이다.

## ❷ 아! 6.25 민족의 한(恨)

아! 6.25전쟁은 우리 민족의 한恨으로 남아있다.

1950년 6.25전란은 기백만의 사상자와 150억불이라는 막대한 전비를 치룬 비참한 전쟁이었다. 동족 간에 총부리를 겨눈 내전의 성격을 띠고 있으며 새로 미군과 중공군이 이 땅위에 참전했던 국제간의 대리전이라는 말도 있다.

약 3년간에 걸친 싸움과 또한 3년이라는 긴 휴전협상을 끌었던 6.25는, 말하자면 세계전쟁사에서 그 유례를 찾아볼 수 없던 만큼 해괴한 전쟁이었다. 전쟁이 터지면서 한반도의 38도선은 자연히 무너지고 북한군이 두 번이나 남한으로 침입했으며, 유엔군이 두 번이나 북진한 끝에 마침내 쌍방 간의 협상을 거쳐 155마일이라는 오늘의 군사분계선으로 휴전선이 고착돼버렸다. 이 바람에 남북한 통틀어 1천만의 이산가족을 낳기도 했다.

6.25 이후 휴전협정을 맺은 지 반세기의 세월이 흘렀지만 아직도 남북한이 대치상태에 있어 긴장과 불안은 한시도 가시지 않고 있다.

1953년 7월 27일 전쟁 3년 만에 일선에선 포성이 잠시 멈추었지만 휴전협정은 지금도 유효한 상태이며, 이제 또다시 이 땅위에 전쟁이 재발하지 않을까 하는 우려에 대해서는 아무도 예측할 수 없는 상황에 놓여있다.

남북한 8천만 민족이 염원하고 있는 통일은 언제 실현될는지 아득하기만 하다. 지구상에 단 하나밖에 없는 남북한의 분단비극은 오늘도 계속되고 있다. 한국 전쟁에서 죽어간 많은 국군과 유엔군 그리고 목숨을 앗아간 수많은 양민들 그중에서도 가족을 잃은 슬픔은 반세기 이상 지난 지금까지 전쟁의 상흔을 몸에 지닌 채 그치지 않고 흐르는 눈물을 가슴에 담고 있다.

우리 민족은 사상과 이념이라는 굴레에서 좀처럼 벗어나지 못한 채 이로 인한 악순환이 지금까지도 계속 사회전반에 번지고 있다. 전쟁의 상처를 안고

있는 판문점이라는 이름은 저 유명한 돌아오지 않는 다리에서 멈춰져 한국 전쟁과 한국 민족의 상징적인 대명사가 되어 버렸다. 한국전쟁은 끝나지 않는 전쟁으로 계속해서 국민들의 마음을 불안하게 하고 있다. 그러나 우리가 한 가지 분명히 외칠 수 있는 것이 있다. 우리의 소원은 통일이며, 우리 모두의 간절한 염원은 다시는 전쟁이 없는 이 땅위의 영구적인 평화 정착인 것이다.

## ❸ 자주국방의 철학

자주라는 말이 격동변천하는 오늘의 세계에서 갖는 의미가 점점 무게를 더해 가고 있다. 자주는 말 그대로 우리의 의식과 활동에 있어서 남에게 의존하지 않고 우리 스스로가 주체적 노력을 전제로 하고 있다. 때때로 자주의 이념이 오도되어 가고 있는 듯한 현상을 보이고 있다. 한때 주한민군 철수라는 거센 회오리바람이 일기 시작하면서 자주국방이라는 명제가 차츰 부각되어 가고 있다. 자주의 이념이야 말로 전진과 번영을 약속하는 국력의 신장과 나아가서는 우리 국민의 자존심과 긍지를 높이는데 원동력이라는 의미 또한 내포되고 있는 것이다.

자주의 원칙적 의미를 떠나서 자주의 높은 뜻이 남의 것을 무조건 배격하는 국수주의를 뜻해서는 아니 되며, 또한 자기 것만을 덮어놓고 숭상하는 것을 표방해서도 아니 되는 것이다. 더욱이 자주라는 말에서 파생되는 여러 가지 문제가 오늘의 현실을 복잡하게 만들고 있다. 이 때문에 자주의 이념과 정책면에서 갈등을 빚고 있는 것이 사실이다. 우리는 오늘날 약육강식의 국제사회에서 자주가 과연 어떤 의미를 갖는 것인지 의문스럽다.

자주의 철학이 우리의 정신문화를 올바르게 인도하는 것만은 사실이지만 힘의 논리에서 볼 때 아무리 경제성장을 가져왔다 해도 우리의 국방력이 나약하고 정신세계가 빈곤하다면 이에서 발생하는 위험을 어떻게 감당할 수 있을 것인가. 군사일변도로 치닫고 있는 북한의 군사력과 남한의 군사력을 비교해 보자. 이웃 일본의 점차적인 방위력 증감과 중국의 국력증대 등 동북아시아의 정세로 볼 때 미국과 우리나라와의 군사적 유대가 깨진다면 이 이상 위험한 일이 또 있겠는가. 현 단계에서는 아직까지 자주국방의 가치를 높일 수 있는 수준은 아니라는 것이 많은 국민들의 공론이 아니겠는가.

자주국방은 우리나라의 궁극적 이상이긴 하지만 지금의 성급한 자주국방론은 시기상조라는 여론이 비등하고 있다. 자주국방은 말로만 되는 것이 아니고 이 같은 기틀을 확보하기까지는 이에 따르는 막대한 군사비와 시설, 시간 등이 충분히 고려되어야 하는 것이 현명한 일이다. 자주국방은 우리나라가 언젠가는 우리가 도달해야 하는 목표이며 과정인 것이다.

자주국방이라는 철학적 기조는 단순히 군사비와 시설에 비례하는 것이 아니고, 이에 국군정신 전력의 강화라는 기본적인 과제도 내포하고 있다는 것을 명심할 필요가 있다. 그렇기 때문에 남의 나라의 간섭을 받지 말아야 할 뿐 아니라 남의 나라에 의존하지 않는다는 것은 너무나 당연한 이치에 속한다 할 것이다.

자주국방이란 우리나라가 달성해야 할 필연적인 과제이며 길인 것이다. 그렇기 때문에 자주국방에 이르기 까지는 정부의 피나는 노력과 국민의 정신무장이 이에 합치되어야 한다는 엄연한 현실을 결코 망각해서는 아니 될 것이다. 오늘날 우리국민이 갖는 자주국방의 철학에서 자주의 이념적 감각과 현실적 감각을 어떻게 잘 조화 시키느냐가 지금 우리나라가 안고 있는 당면과제인 것이다.

## ④ 좌파냐 우파냐 하는 문제

좌파면 어떻고 우파면 어떠냐 하는 것은 말이 안 된다. 항간에서는 보수냐 진보냐 하는 혼란도 벌어지고 있다. 좌파면 좌파이고 우파면 우파지 이 두 가지를 다 함께 지니는 기회주의자들이 생겨났다. 이는 사상과 이념을 혼동하고 사회를 혼돈케 만들고 있는 것이다.

1919년 소련에서는 노동자와 농민이 폭동을 일으켜 이른바 볼셰비키 혁명이 일어났었다. 이 바람에 당시 중국 상해에 있던 대한민국 임시정부에서도 좌파와 우파의 갈등으로 국무회의는 때때로 공전하고 민족독립 운동에 상당한 혼란을 주었었다. 마르크스 레닌주의를 주창하던 사회주의 세력들이 득세하고 있었던 때문이다.

제 2차 세계대전이 끝나면서 우리나라도 일제日帝로부터 해방이 되자 좌익과 우익간의 세력다툼이 사회를 혼돈 속에 몰아넣었다. 공산주의 세력들이 정치투쟁을 벌이고 있는 가운데 많은 지식인들이 북한 땅으로 월북하는 사태가 빚어졌다. 이 바람에 소련주변 국가들의 공산주의를 신봉하는 위성국가들도 생겨났다. 그러나 70년간 소련을 추종하는 동유럽의 위성국가들은 결국에 가서는 소련에서 이탈하여 붕괴되고 말았다. 이 같은 여파로 중국대륙이 공산화되고 세계에서 유일한 북한식 공산주의가 해방 이후 지금까지 60여 년 동안 철권통치로 북한 주민을 다스리고 있는 것이다.

우리나라에도 종북 세력이라 하여 북한의 이념을 추구하는 세력들이 존재하고 있다. 좌파라는 명칭과 우파라는 명칭이 어디에서 생겨났는지 그 근원을 알 수가 없다. 어쨌든 양극화된 세력들이 사회를 혼란시키고 있는 것만은 확실하다. 그러나 이 같은 세력들이 말하는 과연 어느 사상과 이념이 좋은가의 문제는 결국 그 목적이 나라가 평화롭고 국민들이 잘 살 수 있느냐의 문제인 것이다.

요즘 공산화된 중국의 국시는 공산주의를 표방하고 있지만 국가자본주의라는 말이 나올 만큼 경제구조와 인민의 생활방식은 차츰 자본주의 체제에 접근하고 있다. 중국대륙은 자본주의 바람이 불면서 춥고 배고픈 공산주의를 탈피하여 돈 버는 자본주의를 도입함으로써 경제개발이 급속도로 부상하고 있다. 그러나 자유민주주의와 시장경제를 표방하고 있는 나라의 사상이나 제도와는 대치를 이루며 국민의 생활문화 만큼은 서로가 다르다는 것만은 분명하다. 제 2차 세계 대전이 끝나자 세계는 미·소간의 양대 세력으로 갈라져 냉전체재가 흐르고 있었다.

해방 5년 만에 6.25전쟁이 반발하자 미소간의 냉전시대는 해소돼 중국 공산국가가 한국전쟁을 계기로 급격히 아시아의 강대국으로 떠올랐다. 이 바람에 중국은 아시아 패권주의를 추구하며 강대국인 미국과 대립하여 정치, 경제, 군사적 문제에 이르기까지 상호 경쟁을 벌이고 있는 것이 오늘의 현실이다. 미국은 종전의 야경국가를 벗어나 극동과 동북아시아에서 여러 나라를 우방국가로 만들어 세계 최강국으로서의 면모를 잃지 않고 대외 정책에 적극 끼워들고 있는 시점이다. 과거 100년 전의 한반도는 미국, 소련, 중국, 일본과 같은 열강들이 우리나라를 좌지우지하며 그들의 세력이 우리나라에 음양으로 부식해 있다. 이 통에 패전일본도 재기함으로써 한반도와 아시아에 강한 입김을 불어넣고 있다.

6.25를 계기로 잿더미에서 일어나 경제대국으로 발전 하였으나 지금 우리나라가 좌파냐 우파냐 하는 문제는 과연 전후 독일의 통일과 비교해 본다면 어떤 의미를 가질 것인지 자못 의문스럽다.

이제 한국인들의 먼 장래를 바라볼 때 통일 한국이라는 염원에서 좌파냐, 우파냐 하는 문제는 참으로 고통스런 문제가 아닐 수 없다.

## ❺ 이상한 귀족사회

요즘 우리나라엔 귀족 아닌 귀족사회가 형성되어 있다. 재물을 좀 모았다거나 권세를 잡은 사람들이 이상한 권력 행세를 하고 있는 것이다.

언제부터 이런 이상한 사회풍조가 생겼는지 참으로 개탄스런 일이다. 일반 서민들을 천대시하는 전체주의 체제 국가가 아니면 국왕의 전제주의 국가도 아닌 민주사회에서 오만하고 불손한 권세를 부린다는 것은 시대에 뒤떨어진 전근대적인 왕정국가에서나 있었던 일이다.

과거 프랑스에서 혁명이 일어난 것은 왕족이나 귀족들의 사치스런 생활이 극에 달하였기 때문에 이를 보다 못해 폭동을 일으켜 정권을 쟁취한 것이다. 이 밖에도 러시아에서도 왕족이나 귀족들이 호화스런 생활을 하다가, 마침내 노동자와 농민들의 분노를 사 혁명이 일어났던 역사적인 사례가 있었다.

오만한 계층이 빈곤한 계층을 업신여기며 이들을 천대한 끝에는 반드시 국민의 심판을 받아왔다. 우리나라에서도 공금을 횡령한 공직자나, 정경유착으로 인한 권력형 비리를 일삼는 위정자들이 있다. 이 때 이들의 가족들이 대형 백화점에서 고가의 물품들을 마구 사재기하며, 국산 자동차가 아닌 외제차를 타고 허세를 부리는 행태는 어느 모로 보다 바람직한 일이 아니라, 자신들이 특권층인양 귀족 아닌 귀족행세를 행한다는 것이다.

중세나 근세에 이르기까지 이른바 귀족들이 군림했으나 오늘 현대사회에서 어떻게 귀족행사를 하느냐 하는 것은 참으로 이상한 이야기다. 그러나 제도상의 귀족은 없다 하더라도 오늘 우리 사회에서 특권의식을 갖고 권력과 금력을 취하면서 일종의 귀족행세를 한다는 것은 매우 유감스러운 일이다. 이들은 모름지기 자중 자성함으로써 공동사회에서의 책임 의식과 의무감을 갖고, 가지지 못한 계층에 대해서 관용을 베풀어야 할 것이다.

옛 시대에나 있었던 황족이나 왕족 그리고 귀족들이 한 세대에 행패를 부리며 살아 왔던 것이다.

내가 오래전에 프랑스에 갔을 때 그 유명한 루브르 박물관을 참관한 일이 있었다. 전시물 중엔 프랑스 국왕인 루이 16세가 타고 다니던 마차가 황금으로 온몸을 장식해 만들어진 것을 눈으로 보고 깜짝 놀란 일이 있었다. 그 당시 국왕이 살아 있을 때 얼마나 사치스런 생활을 하였으면 그처럼 황금마차를 타고 다녔겠는가. 그러나 국왕은 프랑스 혁명에서 분노에 찬 프랑스 군중들의 손에 의해 처형당하지 않았는가. 한세대가 아니라 수백 년을 지나오는 동안, 참으로 오랜 세월을 거치면서 특권계급과 천민계급의 갈등이 얼마나 심하였을까.

우리나라 이조李朝 오백 년 동안 이른바 양반계급과 머슴과 같은 천민계급이 공존하고 살아왔다.

머슴들은 몇 대를 이어 가면서 머슴의 신분에서 좀처럼 풀려 날수가 없었다. 양반들은 벼슬아치와 재물을 움켜잡고 특권계급으로 있으면서 많은 노예와 같은 머슴을 부리고 산 것이다. 오늘 우리가 살고 있고 이 사회에도 제도상의 천민은 아니더라도 실질적으로 현세에서 보장되고 있는 떳떳한 보통사람이 아닌 천대 받고 있는 소외계층이 살고 있다.

기회균등을 못 받거나 재물을 취득하지 못한 자의 비애는 어디에 호소해야 하는가. 나라와 사회에 바치는 노력에도 불구하고 응분의 보상을 받지 못하고 있는 청렴 정직한 사람들이 많다는 사실은, 특권계급이 아닌 이상한 귀족계층을 행사하는 사람들이 알고 있는 것일까. 하늘에 한을 풀 수 있을 만큼 참으로 헤어날 길이 있겠는가.

## ❻ 남북으로 이산가족이

남녘에 38선을 타고 넘어온 사람, 그리고 북녘에 가족 찾아 넘어간 사람들을 합쳐서 일천만을 헤아린다. 이들의 혈육은 모두가 눈물로 지새우고 있는 것이다. 두고 온 산하가 그리운 것도 물론이지만, 부모와 형제, 친인척이 갈라진 국토에서 어언 60여년의 세월이 흘렀다.

헤어진 지 3일 만에 다시 고향에 가겠다고 굳게 약속했던 사람들이 전쟁으로 말미암아 오가도 못하게 된 것이다.

전쟁 바람에 목숨을 잃은 사람들, 부상당한 사람들 줄잡아 삼백만이라니 수많은 사람들이 고향땅을 잃었지만 그동안 이미 세상 떠난 사람들은 천추의 한을 품고 자취를 감추게 된 것이다.

같은 형제와 혈육끼리 총을 맞대고 살상하며 전쟁을 치룬 것이다. 6.25 전쟁이라는 동족상잔의 현장을 겪어보지 못한 세대는 전쟁의 참혹함을 어찌 피부로 느낄 것인가. 피비린내 나는 전쟁터에서 조국이라는 이름아래 목숨을 바치며 우리들의 자유를 지키기 위해 희생을 자처 했었다. 이제 다시는 동족 간에 전쟁을 야기 시켜서는 아니 될 것이다.

그 옛날 우리나라는 수없이 외세의 침략을 당하면서도 나라의 기둥과 정통을 이어왔다. 그러나 우리가 염원하는 통일은 아직도 요원한 것이니 다만 답답하고 안타까울 뿐이다. 아직도 눈앞에 아른거리는 고향의 하늘과 산하를 그리면서 살아가고 있다. 우리들이 자유민주주의와 평화를 지키기 위해 얼마나 많은 희생의 대가를 지불하고 있는가. 오늘의 우리들은 하늘이 무너져도 조국을 지키며 먼 훗날 후손들에게 평화와 번영을 물려 줄 수 있는 각오가 단단해야 할 것이다.

생각하면 반세기를 넘은 이 시점에서 이제는 눈물마저 마르고 있다. 고향을 빼앗기고 온 수많은 사람들의 비애와 고통을 뭐라 말로 다 표현할 수 있겠는가. 전쟁으로 재산과 가족을 잃은 처지이고 보면 세상 떠난 사람이 새삼 몹시 그리워진다. 사상과 이념이 무엇이기에, 이 강토가 불바다가 되고 그 많은 사람들의 목숨을 잃었어야 했는지 참으로 통탄스런 일이다.

지난날 이산가족 상봉이 얼마동안 이루어졌으나 그것은 지나간 세월에 비하면 잠시 동안의 시간에 불과 한 것이다. 피는 물보다 진한 것이니, 헤어진 혈육을 만나야 되겠다는 간절한 소망은 크게 이루어지지 않았다. 그때 이산가족들의 상봉에서 남북한 가족들이 얼싸 안은 체 흘렸던 눈물의 바다는 우리민족의 애달픈 비애와 역사 그것이었다. 우리는 왜 이렇게 지내야만 하는 것인가. 앞으로 태어나는 후손들은 이 비통한 역사를 어떻게 해석할 것인가. 대한민국은 앞으로도 얼마나 많은 대가를 지불해야 할 것인지 걱정이 앞선다. 우리는 자유와 시장경제를 고수하기 위해 이 험난한 길을 스스로 선택한 것이다.

우리는 민족의 우월한 미래를 위해 우리세대가 결사항쟁하며 이 길을 지켜나가야 한다. 서울 한복판을 흐르고 있는 역사의 한강漢江은 예나 지금이나 유유히 흐르고 있다. 헐벗고 굶주렸던 우리들이 전쟁의 폐허에서 불과 60여년 만에 한강의 기적이라 할 만큼 자유와 번영 그리고 경제 부흥을 이룩하였으니 오늘도 그리고 내일에도 힘차게 약진하고 있는 것이다.

한때 비통했던 역사를 이제 말끔히 씻어버리고 우리의 세대는 혼신의 힘을 다하여 앞으로 어떤 고난도 이겨내며 위대한 국민으로 위대한 국가를 건설해 나갈 것이다.

언젠가는 남북의 이산가족들도 힘을 합쳐 통일 조국을 이룩한다면 우리들은 세계 어느 나라에도 부럽지 않은 선진문화 국가와 세계경제 대국을 이룩함으로써 세계에 우뚝 서게 될 것이다.

## ❼ 신화를 만드는 사람들

우리가 말하는 신화神話란 무엇을 말하는가. 무엇 때문에 신화란 말을 만들었는지, 조물주인 하나님이 아닌 이상 사람의 힘은 어디까지나 한계가 있는 법이다. 그렇기 때문에 사람들이 죽을 기를 다해 목숨을 걸고 최선을 다했을 때에 나타나는 기적 같은 것이 신화로 등장한 것이 아닌가. 신화를 만드는 사람이란 대체 어떤 사람인가. 정치인인가 경제학자인가, 또는 장관인가, 대기업주인가.

신화란 어떤 사람의 행적을 신화라고 부르는 것이 아니다.

신화란 사회 각계에서 또는 남이 보지 않는데서 묵묵히 일한 끝에 나라와 민족 앞에 부끄럽지 않은 사람으로 큰일을 해낸 업적에서 신화의 개념을 찾을 수 있을 것이다. 천세, 만세가 지나도 많은 사람들로부터 칭송을 들을 만큼 놀라운 일을 이룩한 사람이 신화의 주인공이 될 수 있는 것이다. 자신의 목숨을 희생해가면서 의로운 일을 서슴지 않고 일궈낸, 거룩한 사람들의 이야기가 신화가 되는 것이다.

전쟁터에서 자신의 목숨을 초개와 같이 버릴 만큼 큰일을 한 사람, 불구덩이에서 화재를 진압하고 인명을 구하기 위해 불 속에 뛰어들며 순직한 소방관이나 물속에 뛰어들어 사람을 구해내고 자신이 대신 목숨을 잃은 의로운 사람들만이 신화를 만들어 내는 것이다. 하나밖에 없는 목숨을 흔쾌히 버리고 자신이 아닌 다른 사람의 생명을 구출해 낸 사람을 우리는 무엇이라고 표현하는가. 우국충정을 하며 나라와 민족을 살리기 위해 순국한 애국애족의 독립투사들을 우리는 어떻게 환대하고 있는 것인가. 우리는 어떤 사람을 의사라고 하며 열사라고 말하고 있는 것인가. 임진왜란 때 왜군을 물리치고 나라를 위기에서 구해낸 이순신장군을 우리는 성웅이라 부르거니와, 먼 훗날 우리의 후손들은 신화의 참뜻을 어떻게 해석하고 새길 것인가.

일제의 무단침략으로 나라가 위기에 있을 때 멀리 네덜란드의 만국평화 회의에서 국위를 선양하다 뜻을 이루지 못하자 조국에 돌아가지 않고 자결한 이준 열사의 숭고한 애국정신을 우리는 얼마나 알고 있는 것일까.

그 옛날 중국 상해에서 일본의 원흉들을 한꺼번에 폭살함으로써 자신의 생명을 나라에 바친 윤봉길 의사나 일본 동경의 한복판에서 일왕에게 폭탄을 던졌으나 뜻을 이루지 못하고 형장의 이슬로 사라진 이봉창 의사. 서울 종로 한복판에서 일본군경과 육탄으로 맞싸운 끝에 자결한 김상옥 열사를 지금 국민들은 얼마만큼 기억하고 있는 것인가.

서울 민족교회인 상동교회에서 독립운동 투사들과 조국광복을 위해 구국운동을 하다, 일경의 심한 고문 끝에 순국한 전덕기 목사의 행적이야 말로 살아 있는 민족의 신화가 아니고 무엇이겠는가.

조선의 문명을 개척하고 선교 활동하다가 군산앞바다에서 애석하게 순직한 조선 땅의 처음 선교사인 미국인 아랜젤러의 거룩한 희생은 비단 선교사로서의 명성이 아니고 조선 근세사에서 지울 수 없는 위대한 순교의 본보기이다. 아랜젤러는 무식한 조선 백성을 깨우치기 위해 신식학교와 신식교회를 세운 위대한 선교사일 뿐만 아니라, 당시 잠자고 있던 조선인을 깨우치기 위해 한 몸을 바친 불멸의 신화인 것이다.

이 밖에도 눈물겨운 신화가 얼마나 많을 것인가. 우리는 신화의 참다운 의미를 다시금 되새길 필요가 있다.

헐벗고 굶주린 우리나라 국민을 살리고 나라의 경제를 반석위에 올려놓은 박정희 대통령의 모습을 그리면서, 한국경제 발전과 근대화의 대들보이며 주인공인 그를 기리는 마음이 바로 신화를 창조하는 원동력이 되고 있는 것이다.

## ❽ 방송국 광고가 너무나 많아요

우리나라 TV 프로를 보고 있으면 광고가 너무나 많다는 것을 시청들이 말하고 있다. 좀 인기 있는 방송국 방영 때에는 무려 한 프로에 20여개의 광고가 시청자들을 부담스럽게 만들고 있다.

광고가 너무 많다보니 방송국의 연속극을 예고하면서 광고를 1차로 방영하고도 다시 연속극 제목을 보이면서 극 방영 중간에 슬그머니 이어서 다시 광고를 붙이고 있는 것이다. 전에는 한때 시청자들이 30여개의 광고를 시청하면서 지겹게 여기는 때도 있었다. 도대체 그 많은 광고를 빽빽이 방영하고 있는 것은 얼핏 상업성을 지나치게 부각시키고 있다는 느낌을 주고 있는 것이다.

시청자가 궁금하게 여기는 것은 그 많은 광고비를 어디에 사용하고 있는가 하는 의구심이다. 사실상 인기 있는 연속극인 경우에는 광고가 너무나 많다는 것이 시청자들의 일반적인 의견이다. 선량한 시청자들의 비판적인 의견이나 항의가 없는 것을 기회로 광고는 여전히 그 정도에 지나치게 방영되고 있는 실정이다. 좀 적절한 선에서 광고가 방영되었으면 하는 것이 시청자들의 솔직한 공론인 것이다. 제작비가 많이 소요되므로 이를 메꾸기 위해 광고를 삽입한다고 하지만 한 프로그램에 그처럼 많은 광고를 방영하다고 있다는 것은 누가 보더라도 부적절하고 불합리 하다고 여긴다.

더욱이 국영 방송인 경우에는 국민들로부터 그 많은 시청료를 납부 받고 있는 것이 아닌가. 그 많은 광고수입이 방송국 내의 시설에 소요된다고 보면 수긍이 갈 수 있다. 그러나 이 같은 과잉광고비가 다른 목적으로 쓰인다면 이것은 분명히 잘못된 운영인 것이다.

광고비를 줄여서라도 연속극을 부담 없이 시청하거나 그렇지 못한 경우에는 과잉된 잉여 광고비의 지출내역을 일반 국민들에게 공개하는 것이 마땅한 것이다. 적어도 공영방송인 경우에는 더욱 그렇다는 것이다. 광고 때문에 비판 받는 공영방송이 되어서는 안 된다는 것이다. 공영방송은 적어도 공익광고를 함으로써 시청료를 내는 국민의 기대에 어긋나서는 아니 된다.

주말에는 그야말로 국민들이 바라는 방송이 되지 못하고 특히 시청자들의 얼굴을 찌푸리게 만드는 저질 코미디를 방송함으로써 국민들을 실망 시켜서는 안 된다는 말이다. 좀 더 건전한 방송이 되기 위해서는 방송의 질이 우수한 것이라야 하며, 허구적인 사랑 이야기보다도 교양 있는 다큐멘터리 같은 실재 있었던 프로를 선정하여 시청자들의 감동을 불러일으키는 방송이 되어야 한다.

방송의 본질이 전도되어 광고가 위주가 되는 듯한 파행적인 방송을 지양해야 한다는 것이다. 아무리 공익광고 운운하지만 광고가 무언인가.

광고는 어디까지나 본방송을 진행하는데 필요한 보조방송이 되어야하는 것이다. 광고가 주인이 되고 본 방송이 소외되는 듯한 상업주의를 부각시켜서는 안 된다는 것이다. 광고방송은 어디까지나 광고에 불과한 것이다. 소비자에게 상업적인 메시지를 전달하는데 그쳐야한다. 방송제작비를 지탱하기 위해 그 많은 광고를 시청자에게 지루할 정도로 강요해서는 안 되는 것이다.

예고편 광고와 본 방송물에 다시 광고를 투입하는 이중적인 광고 방식을 시청자들은 기피하는 것이다. 이 같은 말은 비단 공영방송국이 아닌 민영 방송국이라 할지라도 같은 경고의 메시지가 될 수 있다. 아무리 민간 방송이라도 공익성을 띄고 있다는 사실을 명심할 필요가 있다. 시청자들의 불만을 해소하는 데는 방송국을 심의 감독하는 기관은 시청자들의 피와 살이 되는 통쾌하고도 공정한 방송프로그램이 되어야 하겠다.

## ⑨ 소년범 선도에 주력하자

아직도 성년에 이르기 전인 미성년자 나이의 청소년들이 매일같이 신문이나 TV에 오르내리는 범법자가 되어서야 어찌 정부의 선도책이 있다고 할 것인가. 나이어린 중고등학생의 성폭행 사건이 심심치 않게 나돌고, 게다가 방화, 절도 심지어 강도 살인범 같은 강력범이 발생하는 것은 정부의 정책 부재에 있다. 사회적 무관심, 그리고 학부형들의 방치 또한 일선에서 교육을 담당하고 있는 학교 측의 책임은 모면할 길이 없는 것이다.

청소년들의 범죄는 초범부터 예방교육을 실시하며, 범행 후엔 특별보호를 실시하며 재범이 없도록 사회각계의 각별한 관심과 학부모, 그리고 학교 당국 이렇게 삼위일체가 되어 소년범들의 선도가 입체적으로 실시되어야 한다. 소년들의 학교폭력 사태는 최근 들어 더욱 늘어나는 추세다.

이 불량아동들의 비행은 참으로 안타까운 일이다.

청소년들이 부모를 시해하거나 어른들을 공경할 줄 모르는 경향 이 모두가 누구의 책임인가. 특히 학원내의 불량소년이 선량한 학생들을 왕따로 몰아 금품을 갈취하는 사례가 발생하고 있다.

불량학생들의 폭력에 못 이겨 자살까지 하는데는 이제 극도에 다다른 문제로 대두되고 있다. 청소년들의 선도에 관계당국에서는 더욱더 깊은 연구와 배려가 있어야 하겠다. 학교당국에서 무사 안일한 생각으론 이 같은 사고를 방관하고 있는 것이 문제인 것이다.

이런 때에 학부형들은 무엇을 하고 있는 것인가. 밤에도 밤잠을 아껴서라도 심각하게 청소년들을 깊은 심려 속에 관심에 임해야 한다.

청소년들은 누구인가. 이 나라의 미래를 짊어질 동량이 아닌가.

청소년들의 자각을 무턱대고 강요한다는 것은 최선의 방법이 아닌 것이다.

친권자나 보호기관이 적극 껴안고 나가야 할 과제 인 것이다. 청소년의 비행사고는 대부분 주변의 무관심에서 발생하는 문제가 아닌가.

비행학생들의 응달에서 선량한 학생까지도 물들어 동조하게 되는 경우를 어떻게 설명해야 할 것인가. 원천적으로 가정에서 부부간의 갈등이 심하여 이로 인해 화목하지 못한 분위기에서 불량성이 싹트며 나아가서는 사회가 오염되고 혼란스러울수록 청소년 범죄 발생이 빈번해 진다는 사실은 극히 당연한 이치에 속한다.

그렇기 때문에 국가적인 차원에서 청소년 선도 문제는 각별한 연구와 배려가 있어야 하겠다. 최근 들어서 청소년들의 자살사건과 같은 비극이 비일비재하게 발생하는 것은 우리 모두의 책임으로 통감해야 할 일이다. 청소년들의 꿈이 채 펴지기도 전에 범법으로 얼룩진다면 그 학생의 장래는 어떻게 되는 것이며 학생의 비애는 또한 얼마나 클 것인가. 이 같은 청소년 문제를 하루라도 고삐를 푼다면 비행청소년들은 점 점 더 증가해 갈 것이다.

학생들의 본분을 어디에서 찾을 것인가. 학생은 어디까지나 학생다운 세계에서 면학의 자세로 흐트러져서는 아니 된다. 어른들은 학생들의 범죄를 범인의 차원에서만 힐책할 것이 아니고 선량한 학생으로 돌아갈 수 있는 선도책이 먼저 강구되어야 한다. 국가의 특별한 선도 기관을 만들어 이곳에서 다년간 학생다운 자세를 구축할 수 있도록 양성해야 하는 책임과 의무가 있어야 한다.

선도를 수반하는 교육기관은 참으로 국가장래를 위해서도 중차대한 것이다. 특별한 교육과정을 이수하고 다시금 학원으로 되돌아가는 선도책이 강구되어야 한다. 불량학생들을 이대로 방치할 것인가. 국가의 정책당국은 깊은 우려와 대책이 하루속히 확립되어야 한다.

## ⑩ 청소년은 왜 자살을 기도하는 가

요즘 우리나라에서는 청소년들의 자살사건이 자주 일어나고 있다. 불량학생들의 폭행에 못 이겨 자살을 기도하고 있는 것이다. 남중생 자살이나 여중생의 자살사건이 번번하다. 대한민국 미래가 어둡고 희망을 걸 수 없다는 것이다.

이 같은 자살사건을 성인들을 포함하면 하루 평균 40여명의 자살자가 속출하고 있다. 이 통계는 OECD 국가 중에서 1위를 점하고 있다.

그 원천적인 이유는 가정에서의 불화나 부모들이 이혼한 반쪽가정에서 가출한 상태 그리고 극도로 빈곤한 생활고와 기타 여러 가지 원인이 있다.

특히나 자라나는 청소년들이 자신의 생명을 스스로 끊는다는 것은 얼마나 서글픈 일인가, 어른이나 아이들이 함부로 자살하는 사건은 어제 오늘의 일이 아니다. 심지어 젊은이들이 인터넷을 통해 자살서클을 만든다고 하니 매우 충격적인 일이 아닐 수 없다.

성인들의 자살은 가정의 파탄에서 나오는 경향이 많으며 기타 사회적 혼란에서 자신이 걸어가는 진로를 비관하여 목숨을 버리는 경우도 있다. 청소년들의 주된 자살원인은 가정의 파탄으로 부모들의 보호망에서 벗어난 가출 청소년들에게서 일어나고 있는 현상이다. 요즘 살인적인 불경기로 살아가기가 어려워지며 또한 과도한 자녀 교육비에 시달리다 못해 스스로 목숨을 저버리는 수도 있다. 그것도 온 가족을 이끌고 동반 자살하는 경우에도 이를 불쌍히 여기는 많은 사람들이 얼마나 눈물을 흘렸겠는가.

대학을 다니는 학생들의 태반이 부채를 짊어지고 장래의 희망은 고사하고 당장 눈앞의 빚 고민에 불량 신용자의 낙인을 찍힐 때, 젊은이들이 마지막으로 선택할 수 있는 길이 무엇이겠는가.

오늘 이 시대가 안고 있는 젊은이들의 고질적인 문제들이 언제 해결될 것인지 아무도 확답을 할 수 없는 것이 지금의 현실이다.

오늘 이 시대에 살고 있는 젊은이들이 걸어가야 할 길은 정녕 어디에 있는 것일까, 대학 수년간이라는 형설의 과정을 마치 곡예사의 심정으로 줄을 타고 다닐 때마다 그들 앞에 기다리고 있는 것은 무엇이겠는가. 그렇게도 희망하던 취업의 길이 막혀있을 때 그들의 좌절감과 절망감은 무엇으로 표현할 수 있겠는가. 1999년 영국에서는 처음 시작된 이른바 공부도 하기 싫고, 일도 하기 싫다는 니트Neet족이 상당한 수에 달하고 있으며 이웃나라인 일본에선 수만 명을 헤아리고 있다니 참으로 사회적인 비극이 아닐 수 없다.

최근 보도된 바에 따르면 학생 5명중 1명이 빚을 짊어지고 고금리 30% 대출을 고민하고 있다는 충격적인 사실이 늘어나고 있다. 좁은 땅위에 사람들의 경쟁이 격심하다 보니 이 험난한 길을 어떻게 뚫고 나갈 것인가가 문제인 것이다. 국방의 신성한 병역의무를 필하고 나면 사회진출은 지연될 수도 있겠으나, 병역을 기피하기 위해 비열한 수단을 동원하면서 까지 남보다 앞서려고 하는 것은 매우 유감스런 일이 아닐 수 없다.

어쨌든 이 시대, 이사회에서 젊은이들이 짊어지고 있는 무거운 짐과 고민은 참으로 큰 것이다. 그러나 6.25같은 참혹한 전쟁의 와중에도 목숨을 걸고 죽기 아니면 살기인 고난 속에서 고학의 길을 걸어왔던 선배들의 고달팠던 세월을 오늘의 후진들은 결코 잊어서는 아니 될 것이다. 어떤 고난이 닥쳐와도 자살이 아닌 씩씩하게 학업의 길을 뚫고 나갈 용기와 무서운 자유경쟁에서도 희망을 잃지 않고 미래를 향해 돌진할 수 있는 젊은이들을 이 시대는 요구하고 있다.

# 제7장

# 평화

## ❶ 부모가 가장 가까운 스승

세상엔 스승이란 말이 있다. 학교선생을 스승이라 부르지만 사실은 사회적인 스승보다 가까운 스승은, 누가 뭐라 해도 아버지와 어머니 즉, 부모라는 것은 부인할 수 없는 것이다.

왜냐하면 부모는 자식에게 혈육으로 맺어진 보호자이며 친권자이기 때문이다. 이 같은 말은 가장 원초적인 의미를 갖고 있는 것이다.

그러나 세상에서 가장 가까운 부모의 한쪽이 사망했다거나 이혼했다면 보호자인 스승을 잃게 되는 것이다. 이럴 때 자식에겐 충격적인 사건으로 대개의 경우 자식들의 가출이나 사회적인 범죄를 야기 시키는 사례가 많다. 부모의 소중함은 이때 처음으로 그 의미를 찾을 수 있을 것이다.

부모 없는 자식이 얼마나 불행한가 하는 것은 스승을 잃었다는 차원을 넘어 그 이상의 고통을 안겨주는 것이다. 그렇기 때문에 부모의 교육은 세상 어느 교육자보다도, 절대적이라는 것은 두말할 필요가 없다.

자식은 성장할 때까지 부모가 끝까지 지켜야 하나 세상일은 그렇지 못한

것이 사실이다. 요즘 우리나라에선 젊은 남녀가 여러 증인들 앞에서 백년해로를 맹세하나, 얼마가지 않아서 혼인한 사람 중에서 5분의 3이 이혼하는 사태가 벌어지고 있으니 매우 서글픈 일이다. 이런 사태에서 발생하는 가출 청소년들의 사회적 범죄는 늘어만 가고 있다. 불행한 가정에서 나온 범죄의 씨앗은 이미 싹트고 있는 것이다.

사람들의 전문분야는 대학이나 그 이상의 교육기관에서 이 연구가 이루어지지만 인성교육의 기본 교양은 가정에서부터 시작되는 법이다. 인간성의 교육이나 예의범절은 어려서부터 가정에서 시작된다.

가출한 불량 청소년들이 인간의 기본교양이 결여된 상태로 성장한 소년범들은 대개의 경우 가정환경이 원만하지 못하거나 가정의 불화로 가정질서가 파괴되었거나 하는 상태에서 발생하는 것이다.

사람들을 옳게 키우는 것은 위대한 스승인 가정에서의 부모의 끊임없는 노력에서 이루어지는 것이다. 부모의 따뜻한 사랑의 손길이 미치지 못한 청소년들의 태반이 범죄세계에 접어드는 것이다. 유년 시대의 기초교육이 소년시절에 연장되며, 이 소년시절은 다시 청소년 시절에 까지 계속되는 것이다. 소년들의 성폭행 사건이 일어나며 청소년들의 탈선행위는 모두가 가정에서의 기초 교육이 결여되는데서 발생하는 일들이다.

청소년들의 강도, 절도, 납치 사건들이 매일같이 보도되고 있는데 그 원인은 가장 민감할 때인 소년기나 청년기에서의 허탈하고 외로운 처지에서 일어나는 것이 사실이다. 유년기에 부모의 참 사랑을 받지 못한 사람은 청년기에 돌입하면서 불량한 성품이 범죄행위로 연장되는 것이다. 어려서부터의 가정교육이 부모로부터 나온다는 말처럼 가정교육이 얼마나 귀중하고 중요한 것인가는 새삼스럽게 말할 필요가 없는 것이다.

우리가 흔히 말하는 인간성의 문제나 사회정의에 대한 가치 판단은 어려서부터의 기본 교육이 결여된 데에서 이루어진다는 것이다. 그렇기 때문에 상당한 지식을 갖고 있는 사회인이라도 어릴 적의 기본 교육이 부족한 사람을 대개의 경우 기형적인 인간으로 번져 많은 사람들에게 불쾌감을 주거나 불편을 주며 피해를 동반하고 있는 사례는 흔히 볼 수 있는 일이다. 미국과 같은 선진국에서는 대학에서의 교육 목적과 사명이 학문 자체가 아니라 모든 사람들에게 관용의 도를 가르치는 데 있다고 하지 않는가. 이 말은 교육이 청소년기에 중점을 둬야 사회를 잘 조화롭게 만든다는데 있다.

## ❷ 결혼식장의 증인들

세상 살아감에 있어 결혼식은 계속 진행되고 있다. 백년가약을 서약하는 신랑과 신부의 혼인식장엔 많은 하객들이 모여서 예식을 축하하고 있다. 이 하객들은 식장의 증인으로 참석하고 있는 것이다.

많은 증인들이 지켜보는 가운데 결혼식을 마치게 된다. 그런데 증인들이 축하한 신랑신부가 결혼식 당일에 이혼하는 실례가 있는가 하면 수개월, 수년을 못 넘기면서 이혼하는 사례가 속출하고 있다.

최근 우리나라 통계에 따르면 결혼한 커플 한 쌍이 증인들의 축하에도 아랑곳없이 증인들의 성의를 무시하고 5분의 3이 이혼한다는 통계가 나왔다. 왜 이런 현상이 벌어지는 것일까. 우리나라 이혼율이 아시아 OECD 국가 중에서도 1위를 점하고 있다하니 참으로 놀라운 일이다.

우리나라가 이처럼 이혼율이 높은 이유는 대체 무슨 이유에서 일까. 지금부터 수십 년 전에는 이런 일이 자주 일어나지 않았는데 요즘엔 왜 이러는 것

일까. 그 이유는 부부간의 성격차이도 있겠으나 생활고 말고도 여러 가지 이유가 있는 것이다.

해방 후 우리나라는 6.25라는 국가적인 대 반란이 일어났음에도 경제가 빠른 시간 내에 성장 발전하여 국민들의 소득은 이제 2만 불을 상회하는 정도가 되었다. 아직도 극소수의 부유층을 제외하고는 80%의 서민들은 최근의 세계경제 부진과 국내시장의 불경기 등 생활고가 겹치면서 많은 가정들이 파괴되고 붕괴되는 데에도 상당한 이유가 있을 것이다.

그렇다면 결혼식에 참석한 증인들은 무엇인가. 신랑신부의 서약도 증인들 앞에서 무의미해지는 것이 아닌가. 허례허식이라는 말이 나올 정도로 결혼식에 참여했던 증인 아닌 증인들은 신랑신부의 조기 이혼에 허탈감을 아니 느낄 수가 없다. 예부터의 전통 아닌 한낱 사회적인 인습 때문에 많은 결혼식 하객들이 어쩔 수 없는 관혼상제 때문에 골머리를 앓고 있다.

결혼식은 간소화하며 가족끼리의 조촐한 모임으로 예식을 치렀으면 하는 사람들의 목소리가 있다. 신랑신부에 대한 체면 때문에 과분한 부조금을 지불하는 경우에 하객들은 얼마나 부담스럽겠는가.

그래서 요즘 일부 결혼식이나 장례식에 화환을 거절하고, 부조금을 사양하는 경향이 있다. 우리들의 이상과 바람이 그처럼 간소한 예식을 원하는데도 실지로는 지금까지 내려오는 인습 때문에 과도한 예식을 보임으로써 많은 사람들의 빈축을 사기도 한다. 부유한 계층과 빈곤한 계층이라는 양극화현상이 심화되고 있는 오늘, 우리들의 관혼상제 예식도 대폭 간소화 하였으면 좋겠다.

오늘처럼 경제적 불황이 계속되고 있는 시점에선 우리들의 이상과 현실사회의 실정을 자각하는 사회적 분위기가 절실하다 하겠다.

순전히 그 허울 좋은 사회적 체면 때문에 서민 생활에 본의 아닌 고통을 덜어 주었으면 좋겠다. 결혼식에 들어서면서 열리는 행복의 문은 좀 더 검소하고 소박한 분위기에서 출발하였으면 하는 지각이 모든 사람들의 가슴에 간절한 것이다. 이혼을 다발사로 여기는 현대인의 사고가 좀 더 신중하고, 관용과 이해의 분위기가 조성되며 자제할 수 있는 데는 이혼을 결심할 당사자 뿐 아니라 이를 지켜보는 주변사람들의 사고가 크게 개혁되어야한다는 생각이 충만해진다.

## ❸ 영원한 삶을 위하여

우리는 짧은 삶을 통해서 비록 생을 마감한다 하여도 사후엔 더 멋지고 영원한 곳에서 안식하며 영원한 삶을 이루어야 한다는 희망을 갖고 있다. 이런 생각은 누구나가 다 꿈꾸는 이야기다.

우리는 어떤 종교적인 믿음을 통해서만 영생을 희구하는 것은 아니며 누구나가 다 바라는 염원이다.

위로는 우주의 절대주인 하나님을 섬기는데서 당연히 이런 생각이 간절해질 것이다. 그러나 세상의 무신론자들도 이런 생각을 져버리는 것은 아닐 것이다. 유신론자들이 신을 마음속에 품고 살아간다는 것은 극히 자연스런 귀결이지만 무신론자들의 경우에도 믿음과 희망이 있다는 것은 어떻게 설명해야 하겠는가. 하나님은 온 인류에 너무나 큰 사랑의 축복을 주었기에 그렇다.

이 같은 개념은 죽을 때에 무신론자들도 위급할 때 거의 무의식중에 하나님을 찾게 된다는 의미와 같은 것이다. 우주에 하나밖에 없는 오직 하나인 하나님을 믿는다는 사실은 유신론자나 무신론자 다 함께 궁극에 가서는 일치하는 개념에 귀착될 것이다.

이 같은 원천적인 문제를 의심하거나 부인하는 사람은 이 세상에 태어날 자격이 의심스런 사람인 것이다. 하나님의 존재를 부인하거나 의구심을 갖는 사람은 인간의 영원한 삶인 영생을 정면으로 부정하는 사람을 말한다.

하나님을 섬기는 민족이나 국가 그리고 사람들은 멸망하지 않고 번창한다는 사실은 지금까지의 인류의 역사가 말해주고 있다. 우리가 숱한 고난을 겪으면서도 그 고난을 즐거움이라고 말하며 살아가는 근본적인 이유는 하나님을 믿고 하나님을 의지하고 살아가기 때문이다. 우리가 어떤 역경 속에서도 이를 극복하며 좌절하지 않는 이유는 하나님의 축복과 은총을 기대 하기 때문이다.

이 땅위에 살고 있는 사람들이 매일 같이 저지르는 죄악에도 삶을 유지할 수 있는 것은 오직 하나님의 사랑이 있기 때문이다.

우리는 사람들 간의 갖가지 분쟁, 시기, 질투, 나아가서는 질병 같은 고통스런 문제도 하나님의 품안에서는 모두가 해결할 가능성을 갖고 있는 것이다. 그러나 하나님의 진리의 말씀을 어겼을 때에는 현세를 극복할 수가 없으며, 사후엔 지옥의 불구덩이에서 고통을 면할 길이 없는 것이다. 우리는 하루에도 몇 번씩 하나님께 감사할 줄 알아야 한다.

죽음을 눈앞에 두었을 때에나 생명의 위험을 알았을 때가 아니더라도 아무런 탈 없이 무사안일 할 때에도 하나님께 감사해야 한다. 세상에 믿고 살 수 있는 사람이 없다고 한다면 궁극에 가서는 하나님을 찾게 되는 것이다.

요즘 세상일이 순조롭게 이루어지는 것이 아닌 만큼 부모형제간에도 왕래가 없을 때에는 서로가 서먹해지는 것이 아닌가. 그렇기 때문에 사회적인 사람 접촉에서도 어떤 이해관계가 맺어지지 않는다면 서로가 불신을 초래하며 안부를 전하는 일조차도 부담스럽게 여기는 세상이 되고 말았다.

우리는 세상이 야박하고 냉랭하다고 하여, 오직 하나님을 믿고 사는 생활의 신조를 잊지 말아야 한다. 하나님이야 말로 세상에서 가장 소중한 존재이며 구세주 인 것이다. 우리는 매일의 생활을 하나님 믿음의 생활로 일구어 나가야 한다. 우리는 하나님을 향한 영원한 삶을 추구하며 기도하자. 가정의 안녕과 사회평화 그리고 나라의 안보를 위해 하나님께 감사하고 또 감사하는 기도를 게을리 하지말자.

## ❹ 저 서해의 낙조(落照)를 바라보며

저 서해西海의 낙조落照를 바라보며 나는 오늘 인생의 후반기에 든 나이에 가을날 하루를 만끽해 보았다. 청명한 날씨에 하늘이 높고 푸르름에 대학동창 일행이 모처럼 가을 나들이를 하였다. 이제 80에 접어든 나이에 회원들의 얼굴은 30~40대를 방불케 하였으니 저마다 밝은 웃음을 내뿜고 있어 처음부터 그 장도가 순탄해 보였다. 2010년 9월 마지막 날 아침 8시 정각에 서울 압구정에서 출발한 이 여행길은 참으로 환희에 차 있었다. 이럴 때 흰 머리카락을 나부끼며 회원들은 달리는 차내에서 과연 무엇을 생각하였을 것인가.

주마등같이 지나간 회원들의 지나간 세월을 돌아본 오늘, 이 귀한 모임에서 과연 무엇을 느끼게 하였으며 또 목적지에 이르러서는 어떤 마음의 결실을 맺을 것인가가 마음속에 잦아들었을 것이다. 장장 왕복 7시간의 여행에서 저 유명한 새만금공사의 현장을 실제로 밟아보며, 그 밖에 영화촬영을 위해 설치해 놓은 이순신 장군 좌수영 세트를 가보고, 마지막으로 유서 깊은 내소사來蘇寺를 둘러보는 계획이 우리들을 기다리고 있었다.

버스는 어느덧 장안 휴게소에 다다랐다. 몇 분의 휴식을 마치고 차에 오르니 차안은 벌써 흥겨워 졌다. 차안에서는 어느새 노래 가락이 흘러나와 온통

마음은 흔쾌하였다. 정오가 되자 시장기를 면하기 위하여 중식은 당산마을에서 신식 막걸리에다 갖가지 야채로 된 초식정찬으로 치러졌다. 다시 우리일행은 즐거운 마음이 충만해 지니 차는 신나게 달리기 시작했다.

모처럼 시골에 오니 길 주변에는 때마침 우리 일행을 반기는 듯 코스모스 꽃들이 만발하여 정다운 자태를 뽐내고 있었다. 사랑스럽고 청아한 길목에서 가을을 만끽하니 가을의 여신女神은 더욱 우리들 곁에 다가왔다. 일 년 계절 중 가을이라는 계절이 찾아오니 우리에겐 더욱 삶의 감성을 안겨주는 듯했다. 눈 앞엔 어느새 새만금 벌판이 전개되었다. 부안扶安과 군산 그리고 김제金堤일대를 이어가는 새만금 다리는 장장 33.9km에 달하니 동양에서 제일가는 장교長橋를 우렁차게 달린 것이다. 참으로 길고 긴 다리였다.

만경강이 흐르는 김제평야가 그야말로 새로운 장관으로 눈앞에 나타났다. 바닷물을 메꿔 어촌과 농촌의 균형발전을 꾀한다고 하니 이 광활한 단지는 이미 인간의 능력을 넘어서 신神의 능력에 까지 들어서는 거대한 역사歷史가 되었도다. 서울면적의 4분의 1에 해당하는 새만금은 2020년까지 총 21조원의 돈이 소요되는 일대 프로젝트인 것이다.

일제日帝때는 조선을 수탈하는 본거지로 삼았었던 이 만경평야가 새로운 시대에 새로운 문명을 개척하며 새만금으로 발돋움 한 것이다. 예로부터 텃세가 강했던 이 교장은 한때 동학난東學亂의 발상지로 아픈 역사의 흔적을 남기고 있다. 소급해 삼한시대三韓時代에 시인 신석정 성리학의 비조로서 실학의 대가였던 반계 유형원 같은 대표적인 인물을 배출한 유서 깊은 고장이다.

적벽강, 채색강이 흐르는 변산반도는 그 주변의 풍광風光이 너무나 수려하였다. 일행은 차에서 내려 주변을 돌아보니 때마침 저녁하늘을 붉게 물들인 저 낙조落照가 얼마나 아름다운지 형언할 길이 없었다. 남은시간 성웅 이순신의 영화를 촬영하기 위해 마련한 세트도 보았다. 그 앞바다는 어쩌면 하늘이 내려준 선물로 그 오묘한 풍경은 이루 말할 수 없었다.

이는 단순히 흥미롭다 라기보다는 신비로움으로 온 몸을 휘어잡았다.

망미루望美樓, 망해루望海樓에서 한동안 그 산수의 아름다움에 도취했었다가 끝내 아쉬움을 남겨 놓고 일행은 오늘의 마지막 일정인 래소산으로 발걸음을 재촉하였다. 능가산을 끼고 있는 래소사는 사방 둘레가 마치 병풍으로 에워 쌓인 듯하고 고요한 명사찰임에 틀림이 없었다. 래소산에 이르는 길목은 산책하기 알맞게 양쪽으로 키 큰 잣나무가 무성하게 자라고 있었다. 한때 연속극 대장금大長今 촬영지로 명성을 남겨 각광받고 있는 명승지가 되어 있었다.

사원입구엔 500년이 넘었다는 느티나무가 버티고 있었으니 이곳을 찾는 관광객에게 무척 경이로움을 주었다. 오랜 풍상에 퇴색된 사찰의 지붕을 쳐다보니 태고의 신비로움을 새삼 느끼게 만든다. 사원 마당 한 가운데 같은 느티나무가 700년을 넘었다고 하여 그 숱한 환란에서 이 사원을 지키고 있듯이 그야말로 거대한 영목靈木이 아니던가. 부안군 친서면 석토리에 위치한 래소산이라는 이름은 유래가 숨겨져 있었다. 그 옛날 삼국시대 조선을 정벌하러 왔던 중국 당나라 소정방蘇定方이란 사람이 이곳에 머물렀다는 전설에서 소정방의 소자를 따다가 절 이름을 불었다는데 이는 떠돌던 한날 풍설風說이 아닌가 하는 믿음이 앞선다.

일과를 무사히 마친 일행은 장안 휴게소에 되돌아와 비빔밥으로 허기찬 배를 채우고 나니 날씨는 벌써 어두운 정막 속에 접어들었다.

정적과 고독이 엄습해 오는 찬 밤하늘을 쳐다보며 정다웠던 하루를 아쉬워하며 여행길을 마쳤다.

## 5 딱정벌레의 하루

딱정벌레의 하루는 참으로 외로운 것이라고 누군가가 말했다. 그래서 철학자는 외로운 딱정벌레와 같다고 했다. 철학자는 일생을 통해 혼자서 인생의 심오한 부분을 연구하고 탐구하는 학자이기 때문이다.

철학은 현실세계와 얼핏 동떨어진 것 같은 학문이기에 철학자는 평생을 외롭게 살다가 죽을 때에도 누구하나 거둬줄 자가 없는 외로운 신세인 것 같다.

나의 스승이 그랬으니 철학자의 옷매는 보통 수십 년을 걸쳐 입었기 때문에 옷소매 끝이나 바지 끝이 닳아서 너덜너덜하게 걸치고 다니는 모습이 태반이었다. 딱정벌레와 철학자를 굳이 연결시키는 것은 딱정벌레를 유심히 보노라면 어쩐지 이상하게 외로운 느낌이 치밀어 오기 때문이다. 딱정벌레는 항상 어디엔가 기어가고 있지만 그가 머무를 수 있는 보금자리가 있겠는가.

나약한 딱정벌레 앞에 강한 벌레가 나타나면 그 자리에서 먹이가 되는 것이 보통이다. 무당벌레나 개미같은 조그마한 곤충들은 그의 생명을 보존하기 위해 하루 종일 작은 먹이를 찾아 헤매고 있을 것이다. 이름 모를 수많은 종류의 딱정벌레들 중 그 작은 몸집 속에 독을 품고 있는 벌레도 있다. 간혹 길을 걷다 숲속에서 곤충을 볼 때 사람이 접근하면 독을 품는 벌레가 있다. 그렇기 때문에 그들은 그들 나름대로의 생존을 유지하는 방식이 있을 것이다. 먼지를 먹고 사는 진드기는 사람의 육안으로 보이지 않는다. 현미경으로 보기 전에는 그들의 형체를 볼 수가 없는 것이다.

진드기도 곤충의 일종일지 모르나 여기서 말하는 곤충이란 사람의 눈으로 볼 수 있는 곤충을 말한다. 이 이름 모를 수많은 곤충들을 각별히 연구해 몰두하는 학자와는 다르게 누가 이들 곤충에 관심을 둘 것인가. 곤충이 하루의 생활을 어떻게 지탱하고 살아가는 것인지 사람들에겐 관심 밖의 일이다.

이들 곤충들의 생리를 연구하는 일을 매우 흥미로운 일로 나는 생각한다. 사람들이 이처럼 작은 곤충을 발로 밟으면 그 자리에서 당장 죽을 것이 아닌가. 옛날의 일이지만 내가 한방에서 몇 년간 기거하였을 때 함께 있던 한 후배가 곤충을 연구하는데 몰두하고 있었는데, 이미 60년 전의 일 이었다. 지금쯤은 곤충연구의 대가大家로 명성을 내고 있는지 소식이 캄캄하다. 그때 하필이면 곤충을 모으며, 왜 곤충을 연구하고 있었는지 궁금하게 여겼다.

나는 산에 가끔 올라가 보는데 이때 이름 모를 곤충들이 신발 위에서 서성거리고 있었던 때가 기억난다. 그 곤충들의 등엔 가지각색의 색깔로 덮여 있었는데, 진귀한 곤충들이 참으로 많구나 하는 생각을 하면서 무심히 지나가 버린 일이 있었다. 요즘 갑작스럽게 곤충을 생각하게 된 것은 곤충들의 목숨이 대체로 며칠 아니 몇 년이 되는 것인지 궁금했기 때문이다. 요즘 사람의 목숨이 천박해 지는 사건들을 보면서 곤충들은 모름지기 얼마나 살 수 있는 것인지, 새삼 관심거리로 머리에 떠올랐다. 하찮은 곤충들의 목숨도 그렇거니와 사람들의 목숨이 파리처럼 사람과 사람의 손으로 무참히 시해되는 것을 보면서 나는 일종의 비애를 아니 느낄 수 없게 됐다.

날지 못하는 곤충들이 땅위를 기어 다니면서 하루에 얼마나 먼 거리를 갈 수 있는 것인지, 곤충들에겐 지겨운 하루가 될 것이다. 사람들도 하는 일 없이 하루하루를 무모하게 지낼 때 그 하루가 얼마나 지겹겠느냐 하는 생각이 들었다. 곤충들의 외로운 모습을 보면서 사람이 산다는 것도 이와 흡사한 것이 아니겠는 가. 산간에서 자라는 곤충들의 목숨이 오히려 사람의 목숨보다 더 질기고 신선한 것이 아닐까.

## ❻ 목숨보다 더한 것이 평화란다

하루를 살더라도 몸과 마음이 평화로워야 살맛이 난다. 평화를 간직한다는 것이 얼마나 소중한 일인지는 우리가 살아온 지난날의 고난의 역사에서 볼 수 있다. 우리민족의 삼국시대를 보면 서로가 같은 민족끼리 얼마나 많은 싸움의 역사가 지속되었는가.

삼국시대 고구려가 그랬고 백제와 신라도 그랬었다. 한반도는 근세 백년의 역사가 내란의 역사였고, 이 같은 판국에 중국의 당唐나라와 청淸나라의 침입이 빈번했다.

그런가 하면 1595년에 시작한 임진왜란은 무려 7년간 한반도가 왜놈들의 침범으로 이 강토가 쑥밭이 되도록 전란을 겪었다. 숱한 고난을 겪으면서 남정네는 등에 봇짐지고, 여자는 머리에 짐 올리고 이곳저곳 피난생활로 지탱해 왔다. 그 후 고려시대엔 왕실이 강화도로 천도하여 37년간을 온 국토가 불바다가 될 만큼 몽고의 침범을 수없이 당했다. 백성들은 그야말로 집에서 편안한 마음으로 살지 못했던 것이 우리나라 근세역사였다.

그 이후 한반도 주변은 강대국인 중국, 러시아, 일본, 미국 등 열강의 내정간섭으로 나라가 평안이란 있을 수 없었다. 이조말기엔 일본제국의 한반도 강점으로 36년간 일본의 식민지가 되어 얼마나 세월을 암담하게 지냈는가.

어디 이 뿐인가, 해방 후엔 민족상잔의 6.25 대전란을 겪으면서 수없이 많은 고난을 받았다. 이같이 암울한 역사의 흐름 속에서 우리나라 국민들은 오늘에 이르기까지 서유럽의 갑작스런 문명의 그늘에서 사람들은 모두가 제정신으로 살지 못하고 극도의 개인주의 사회로 변모하게 되었다.

극단적인 집단이기주의로 변질되면서 나라가 부정과 부패로 인해 정의와 도덕은 실종되고 사람들끼리의 인정이란 찾을 길이 없는 무정한 시대를 돌입하였다. 원칙과 기준이 없어지고 양심과 인간성이 없는 사회로 변모하였다. 황금만능이란 퇴폐한 사회에서 가진 자와 가지지 못한 자의 양극화현상은 날이 갈수록 더욱 심화되어가고 있다. 과학기술의 문명은 개발되었으나 우리의 정신문화는 퇴화되어가고 있다.

국토가 남북으로 대치되면서 일천만의 이산가족이 생겨나 평화스럽던 가정이 파괴되고 통일될 날이 언제 올 것인지 아무도 예측 못하는 지경에 도달했다. 한국전쟁은 전선에서 일시포화가 중단되었지만 휴전협정은 아직도 살아있어 6.25전쟁은 끝나지 않는 전쟁으로 지속되고 있다.

한반도에 항구적인 평화가 언제 올 것인지 국민들의 염원은 자꾸만 요원해가고 있다. 근세 100년 동안 굴욕과 암울했던 우리민족은 전란을 수없이 겪었던 전란민족으로, 평화를 열망하면서도 그 소중한 평화를 제대로 누리지 못하고 있는 국민이 되고 있다.

지구상에서 어떤 다른 나라처럼 신神이 내린 축복과 은총으로 평화로운 나라와 국민이 되지 못하고 있는 것은 참으로 안타까운 일이다. 평화가 얼마나 소중하며 평화를 희망하는 열망이 간절한 우리 국민들은 평화를 사랑하며 평화를 누리며 살 수 있는 때가 언제 실현될는지 참으로 서글픈 일이다.

이 땅 위에서 다시는 전쟁이 일어나서는 아니 될 것이다. 전쟁으로 사람들이 머리와 등에 짐을 지고 전란을 피해 다니는 비참한 나라가 되어서는 결코 안 된다. 평화는 참으로 소중한 것이니, 이 땅 위의 평화란 7천만 우리 모두의 일대 염원일 것이다. 평화를 지키며 평화를 위해 우리 모두가 노력하자.

## ❼ 된장국이 사람 살린다

우리가 밥상에서 된장국을 먹으면 얼마나 구수하고 뱃속이 다 후련한가. 된장국을 좋아하는 사람은 누구나 수긍하는 말이다. 된장국을 먹을 때 그 향기롭고 달콤한 국물이 얼마나 뱃속의 오장육부를 편하게 만들고 있는가. 달콤한 맛이란 설탕을 말하는 것이 아니고 마늘과 풋고추 그리고 호박, 오이, 두부 등을 야채와 혼합하여 우러나는 국물을 말하는 것이다.

이 한국적인 된장 맛은 우리나라에서만 맛볼 수 있는 음식이다.

나는 일찍부터 된장국을 내 스스로 끓여 보았다. 그 많은 된장국이란 일명 내 나름대로 잡탕국이라 부르는 것이다.

이 된장국은 오만가지 야채가 다 들어가는 한국적인 요리인 것이다. 우선 몇 숟갈의 된장과 적당량의 고추장, 두부, 마늘, 간장, 오이, 호박, 양파, 한국파, 그리고 쇠고기 생굴들이 투입된다. 된장국은 한참 부글부글 끓여야 제 맛이 난다. 어떤 사람들은 이 같은 국을 먹어보면서 별것이 아니라고 여길 것이다. 잡탕국이 맛을 제대로 내려면 역시 간을 잘 맞추어야 한다. 무엇보다도 기본적으로 된장과 고추장의 적당한 배합, 그리고 중요한 것은 마늘을 거의 물처럼 다져서 한참동안 푹 끓이는 것이다. 밥맛이 없고 식사를 잘 못하는 사람은 이 된장국을 먹으면 사람이 살아나는 것처럼 한약이상의 보약 기분이 들 것이다.

비가 오는 우울한 날, 일기불순한 날엔 이처럼 사람 살려 주는 된장국이 필요하다. 이 된장국은 명실공이 종합영양죽인 까닭에 인체에 매우 유익하고 건강을 지키는데 다시없는 약재가 되는 것이다. 이 된장국에 들어가는 콩으로 빚은 된장과 혈액을 소통시키는 호박, 피가 되는 쇠고기, 폐를 좋게 만드는 파나 오이, 섬유질을 보강해주는 감자들은 영양만점의 건강식품인 것이다.

백문이 불여일견이라는 말이 있듯이 된장국을 먹기 전엔 그 진가를 알 턱이 없다. 듣기에는 간단하나 이 된장국에 넣어야 할 야채를 구입하는 데 시장에 가야하는 번거로움이 있다.

그러나 시험 삼아 한번 끓여서 정성스런 시식을 하기 전엔 완전한 이해를 못가질 것이다. 이 된장국이란 반듯이 한국된장이라야 한다. 일본제된장은 싱거워서 맛을 제대로 낼 수가 없다. 한국제된장과 고추장이라야 한다.

보통 정성으로는 매일 식탁에 올려놓는 것이 그리 쉬운 일은 아닐 것이다. 준비를 갖추고 제대로 끓이는 정성이 합쳐져야 되는 것이다.

가정의 아이들과 어른들이 다함께 모여서 나누어 먹는데 큰 재미가 있을 것이다. 몇 번이고 반복하여 시식하고 한 달, 두 달, 몇 달을 지속하다 보면 가족들의 혈색은 자못 달라질 것이 분명하다. 이 된장국은 가족들의 종합적인 밥상에서 그 일조를 제공하는 것이지만 이 된장국이 차지하는 영양은 자못 큰 것이다. 예부터 청국장과 같은 냄새나는 장국도 유익하였으나 이 된장국만큼은 여러 가지 야채가 골고루 섞여 끓이는 것이기에 그 맛 또한 별미중의 별미인 것이다. 며칠에 한번 씩이라도 정기적으로 밥상에 빼놓지 않고 먹는 습성이 가족들의 건강에 얼마나 좋을 것인가.

잡탕국을 먹으면서 건강에 큰 도움이 될뿐더러 일상생활의 활기를 찾을 수 있으니, 얼마나 좋은 일인가. 무엇보다도 건강해지고 활기가 돌며 오정육부가 활발해 지는, 이른바 신진대사를 촉진시킬 것이다.

## ❽ 밤 하늘 별을 쳐다보며

맑게 개인 날 밤, 나는 별을 쳐다보는 습관이 있다. 하늘의 별을 쳐다보노라면 사람들은 무슨 생각이 드는 가. 무엇보다도 신비스런 생각이 든다.

저 광활한 우주에 수없이 깔려있는 별들의 세계는 어떤 것일까. 생각만 해도 아찔해 진다. 우주만물의 창조자이신 하나님은 어떻게 해서 저렇게 많은 별들을 만들었을까. 옛날 독일의 철학자 칸트는 하늘의 별을 보면서 인간의 양심과 비교해 본 적이 있다고 했다. 그것은 범죄 투성이인 지상의 인간사회에 저렇게 별들이 빛나는 것은 도덕세계가 존재하며 또 존재해야 된다는 철리를 간파한 것이다.

사람 사는 이 지구상엔 온갖 비리와 부정을 심판하는 것은 나라에서 사람이 제정한 실정법보다 더 무서운 도덕의 규범이 있다는 것을 말하는 것이다. 하늘의 별을 쳐다본다면 사람들의 마음 한구석엔 그래도 양심이 숨겨져 있다는 것을 시사해 주는 것이라. 만약에 인간의 양심과 도덕세계가 없다면 우리들 세상은 어떻게 되었겠는가 하는 상상을 하게 된다.

그렇기 때문에 사람들이 수없이 저지르는 범죄를 스스로 뉘우치는 참회의 경지를 주는 것이 아닌가. 우리가 하루에 한 번 만이라도 명상의 시간을 가질 수 있다면 이 경지에서 다시 참회의 세계로 인도하게 되는 것이다.

하늘엔 별들이 수없이 많다. 이 별들을 일일이 세어본다는 것은 불가능한 일이 아니겠는가. 지금 우리가 살고 있는 이 지구가 언젠가는 종말이 와서 멸망할 것이라는 설說이 예부터 심심치 않게 나돌고 있다.

저 하늘의 신비스런 별들도 이 지구와 비슷한 존재 그곳에도 생명이 있다는 가설은 이미 오래전부터 우주를 연구하는 과학자들의 말이었다. 별에 도착할 수 있는 시간은 아무리 빛의 속도도 달린다 해도 몇 십 년, 몇 백 년은 걸린다는 말이다. 그런데 하늘에 떠있는 별들이 저마다 빛을 발하고 있으니 아무리 생각해 보아도 불가사의 한 일이다.

저 별들이 빛을 발하고 있는 이유가 무엇인지, 천문학자들은 설명할 수 있을 것인가. 어쨌든 신비스런 저 별빛이야 말로 이 땅위의 사람들 마음을 정화시킬 수 있는 위대한 힘이 일어난 것이 아닌가.

위대한 별의 힘이란 우리가 살고 있는 이 세계에서 무수히 작용하고 있는 것이다. 지구상의 나라들이 왜 그들의 국기에 별을 그려놓는 까닭이 무엇인지, 그 의미가 무엇인지 궁금한 일이다. 군에서는 수십 년의 경력을 쌓으면 계급장에 별을 부착하지 않는가. 장사하는 상용광고에도 빛을 발하는 별을 표시하지 않는가. 기타 어린아이들의 각종완구의 그림에도 별을 그려놓지 않았는가.

차라리 나는 아이들로 하여금 별이 왕이라는 생각을 심어주는 것 일까. 별에 대한 신비스럽고 위대한 개념은 별이 이 지구상에서 제일 높은데 있으며 별이야 말로 왕보다도 더 위대한 힘이 있다는 것을 상징해 주고 있는 것일까.

우리가 일상생활에서 어떤 목적을 달성하는 데에도 속된 말로 하늘의 별따기란 말도 흔히 사용하고 있지 않은가.

별은 빛을 발하는데 그 참뜻이 있는 것이다.

별은 복잡한 인간사회에서 선과 악을 가리는데 최고의 심판을 가늠할 수 있는 규율이 되고 있는 것이다. 흉학한 범죄가 빈번한 세상에서 우리가 별을 쳐다보면 마음 깊은 곳에 원칙과 기준을 옳게 세워주는 힘이 별에서 발하는 힘이란 것을 깨닫게 하는 순간이 있다. 별에서 발하는 눈부신 빛이야 말로 사람들의 마음을 항상 감동시키며, 우리들의 삶이 정직하고 순수한 세계로 인도하는데 위대한 힘이 되어 주었으면 한다. 그리고 마지막으로 우리들 가슴속에 강한 정의의 힘이 되었으면 하는 바람이 간절한 것이다.

## ⑨ 나의 농업학교 시절

일제日帝말기인 1945년, 나는 이름 높은 평양사범학교에 어렵게 입학하게 되었다. 해방 전, 태평양전쟁이 한참이었던 무렵 하늘엔 B29라는 미군비행기가 날고 있었다.

이 미군의 공습을 피하기 위해 부모님은 함남 신상에 주거를 옮겼을 때였다. 조국이 해방되자 일본인 학교였던 평양사범학교는 문을 닫게 되었다. 나는 이 학교에 큰 꿈을 품고 일본학생도 입학하기 어려웠던 학교에 조선인으로 입학시험에 우수한 성적으로 입학하게 되었었다.

이때 나는 신상농업학교에 편입하여 처음으로 세상에 나와서 농사일이 학과목으로 잡혀서 농사일이라는 귀중한 경험을 얻었다. 약 2년간 이 학교에서 농사꾼이 되어 논두렁에서 김매고 밭에서 흙을 갈았다. 심어놓은 농작물에 비료로 인분통을 어깨에 메고 밭을 누볐다. 가을엔 벼이삭에 도리개 걸치고 탈곡기로 곡물을 빠는데 힘겨운 일을 했으니, 그때 내 나이 15살이었다.

이 학교엔 이학영李學永이라는 조국인 조선을 사랑하고 민족정신이 농후했던 선생이 나를 무척 감동시켰다. 나에게 학문에 열중하도록 만들었으며 생전에 처음으로 문학에 눈을 뜨게 만든 장본인이었다.

지금까지 내 가슴에 잊혀 지지 않고 있는 선생님이 지금은 세상을 떠났을 것이라고 생각한다. 그 고단한 농사일에 종사케 한 것은 하나님께서 나에게 내려준 귀중한 체험의 은혜였다. 봄에 곡식을 심고 밭에 씨앗을 뿌리는 파종은 내 생전 처음 시작된 고난의 행군이었다. 시골의 농사꾼이 뼈 빠지게 노동을 해서 여기서부터 도시사람의 먹는 기본식량이 발단이 되는 것이라 생각하였다. 농군을 양성하는 농업학교였기에 주경야독의 철리를 나에게 가르쳐 준 것이다. 농사는 천하지대본이라는 말이 내 어린 나이에도 수긍이 갔었다.

농업학교 시절은 참으로 나에게 좋은 수양을 얻게 해주었다. 낮 수업시간에 선생님은 공산지하에 있었던 때인데도 학생들에게 나라사람과 민족정신을 일러 주었으니 얼마나 대견스런 교육이었나 하는 생각이 지금도 잊혀 지지 않는 추억이 되고 있다.

영어를 너무나 열심히 공부한지라 내 시험 답안지가 늘 모범답안지로 교실 복도에 계시하고 있었던 기억이 아직도 생생하다.

일본 와세다 대학을 나온 선생님은 젊은 나이인데도 상당한 학식을 갖고 있었으며 학생들에겐 언제나 마음의 양식이 되었었다. 문학에 관한 것에도 상당한 조예가 있어서 나에게 늘 문학정신을 일깨워 주었다. 내가 오늘날 지금까지 문학에 심취케 만든 것은 순전히 스승이 첫 문을 열어준 셈이다. 이 같은 교양의 씨앗은 후일 서울에서 불과 17세 어린 중학교 3학년 시절엔 시를 써서 성인들이 보는 여명黎明이라는 시집에 첫 시를 게재하는 감동을 안겨준 것이다. 계속해서 스승에게 사사를 받지 못한 나의 불운이 아직도 아쉽다.

농업학교라고해서 농업만 가르치는 학교가 아니고 일반 교양과목도 동시에 배울 수 있던 행운을 가졌었다. 그 당시에 이미 과학적인 영농기술도 일부 가르치고 있었으니 참으로 훌륭한 인성교육의 체험을 한 셈이다. 농토에서는 고무신을 신고 농사꾼이 되어 그 냄새 고약한 인분을 나르는 그런 궂은일을 다 하였다. 한때 농업학교 축구선수로도 활약하여 학교 별 대회에도 출전한 경험도 있었다. 농업학교 시절은 아득히 60여년의 일이다. 아직도 농업학교에서의 일들이 잊혀 지지 않는 것은 내 인생에서의 귀중하고도 유익한 시절이었음이 내 머리에 확연해지고 있기 때문이다.

## ⑩ 저 보라색 하늘인가

하늘에 맑게 갠 날엔 마음이 상쾌한 듯하지만 구름이 회색빛으로 하늘을 뒤덮었을 때에는 마음이 울적해 진다.

더욱이 하늘이 온통 먹구름이 덮여 비가 출출 내릴 적엔 울적한 기분이 드는 것은 모든 사람들의 느낌일 것이다. 그렇다면 아침 해를 맞을 때 동녘하늘에 물들고 있는 붉은색은 우리들 마음을 어떻게 만들겠는가.

그렇지만 하루의 일과가 지난 저녁나절의 서쪽하늘은 어떤 색으로 우리들의 마음을 조으릴 것인가. 저물어 가는 회색하늘에 시들어가는 햇빛이 쪼이면 그것은 무슨 색이 되는가.

나는 그 아름다운 낙조落照를 보면서 내 마음엔 하늘색이 온 누리에 보라색으로 보이니 나만의 독설일까. 어쩌다 나른한 오후 잠을 틈타 어느덧 저녁노을이 짙어 산 밑으로 사라지는 태양빛은 하늘을 보라색으로 수놓고 가는 것이다.

그것은 강둑에서 바라보는 것이나 산마루에서 내려다보는 것이나, 또 평야에서 저 지평선 너머로 사라지는 햇빛은 모든 사람들이 보는 느낌이 다 한결같겠지만 나에게 유독 그 보라색 하늘 천지가 남다른 희열과 희망을 보여주는 것 같아서 그 감동과 그 감회가 참으로 큰 것이다.

마침내 일어나 그 강렬한 햇빛이 내 눈에 쪼일 때보다 저녁노을은 만들고 있는 그 보라색 하늘이 더 진귀해 보인다.

하늘의 태양은 유난히도 사람들에게 고마움을 선사하며 삼라만상에 큰 은혜로움을 주는 것이다. 붉은색도 아니고 그렇다고 회색도 아닌 보라색은 나에게 언제나 피곤함을 풀고 꿈을 안겨주는 것 같아서 감사함을 아니 느낄 수 없다. 저 보라색 하늘이 있어서 주는 꿈이란 과연 무엇이란 말인가. 내가 현세에서 이루지 못한 한恨을 품어주는 하늘의 계시가 아닌가하는 상념에 젖게 된다. 그 상념이란 내 가슴을 뜨겁게 만드는 강력한 의지요, 무서운 집념인 것이다. 언젠가는 저 저녁노을을 쳐다보며 내 소리높이 외칠 날이 오기를 손 모아 기다리고 있는 것이다.

저 보라색 하늘을 잠시나마 쳐다본다는 것은 내 인생의 행복한 한 순간이 아니더냐. 밤이 어두워지는 이 순간에 초등학교 학생들이 공을 차며 운동장에서 노는 소리가 여느 날보다 즐거워 보인다. 하루의 일들을 끝내고 집으로 돌아가는 사람들의 고단한 모습도 오늘따라 그리 피곤해 보이지 않는다. 차들이 달려가는 소리도 그렇게 또한 시끄럽게 들리지 않는다. 또다시 내일을 맞이하는 바쁜 사람들의 충전이 시작되는 것이다.

오늘 하루의 고단함이 이 보라색 저녁노을에서 녹아버린 것이라면 사람 사는 이 세상의 괴로움도 밤새 사라질 것이 아닌가. 보라색 하늘이 내려다보이는 이 찰나에 우리들의 삶도 잠시나마 차츰차츰 안락한 휴식에 접어들 것이다.

저 보라색 하늘이 나는 참으로 좋아라. 살금살금 저물어 가는 보라색 하늘 밑의 저녁노을을 신神이 사람들에게 주는 은혜로움은 한 폭의 그림이 아니더냐. 이런 때 먼 옛날을 더듬어 옛날 일들이 그리워지는 것은 웬일일까. 멀리 떨어져 사는 사람들의 정이 더욱더 간절해진다.

소학교, 중학교, 그리고 대학에 다닐 때 사귀었던 동창들, 그들 친구들이 보고 싶은 것이다. 이미 세상 떠난 사람들의 그리움도 이런 때 한몫을 하는 것이다. 세상 모든 꽃들이 잠시 피었다가 지는 것처럼 사람들의 정情도 그런 것이더냐. 서럽다, 슬프다, 아아! 그립도다.

# 제8장

# 정의

## ❶ 불의와 정의와의 흙탕싸움

요즘 세상은 불의가 정의로 통하는 사회가 되고 있다. 하늘이 무너져도 정의는 행하여져라 라는 구호가 있다. 이는 대학 4년간 내가 배운 가장 큰 이상의 지표였다. 정의는 바로 도덕과도 상통하는 것이라 이 도덕이 땅에 떨어지고 정의가 실종된 나라는 그 나라의 미래가 밝지 못하고 불투명한 것이 사실이다.

우리가 경제적으로 도약하고 국민들의 의식수준이 높아졌다 하나 정의가 실종되고 옳은 것과 그른 것의 가치관이 전도되고 있는 것이 사실이다. 선진국으로 진입하려는 정부의 구호가 무색할 정도로 사회정의는 구현되지 않고 불의가 정의를 억누르며 정의를 말살하려는 세력들이 사회악을 조장하고 있는 것이 사실이다. 국가에서 제정한 실정법을 범죄자에 응분의 형벌을 가하자고 하나 실제로는 그러지 못한 것이 사실인 것이다.

이보다 앞서 인간의 양심과 도덕이 사실상 범죄자를 처벌하는 규범인데도, 인간이 최고로 숭상해야 되는 도덕이 국가의 법보다도 실은 더 무섭고 두렵다는 생각을 갖고 있는 사람이 흔치 않다는 것이다. 불의가 주인이고 정의는 세

든 사람들이 종이 되고 있지만, 진정으로 잘못된 세상인 것이다. 세상 많은 사람들이 저것은 옳다고 하는 것이 정의이며, 저것은 그릇된 것이라고 말하는 것이 분명히 불의인 것이다.

그렇기 때문에 정의의 올바른 가치관이 정립되려면 국민 모두가 정의의 개념을 올바르게 인식할 때만이 정의가 사는 것이다.

우리가 살고 있는 세상은 정의와 불의가 혼동되어 정의와 불의가 흙탕물에서 싸우는 벌레들처럼 분간이 어려운 지경이 되어서는 아니 될 것이다. 정의와 불의의 개념을 우리나라 국민들이 확실히 터득하게 된 것은 지난날 4.19혁명 때였다.

정의가 무엇이고 불의가 무엇인지를 확실하게 몸으로 체험하게 된 것이다. 우리나라에선 처음으로 국민전체가 들고 일어섰던 정의의 혁명이었다. 불의를 보면 분연히 항거할 수 있는 국민이어야 그 나라는 미래가 있는 법이다. 불의를 보고도 이를 묵과하고 우유부단하게 방심한다면 그 나라의 장래는 불문가지일 것이다. 정의가 무시되면 국민들의 인권이 몰살될 뿐 아니라 나라 전체가 혼란에 빠지게 될 것이다.

공산주의 체제에서는 정의와 불의를 논의할 자유나 여지가 없다. 그렇기 때문에 자유민주주의를 신봉하는 국가에선 국가발전의 원동력이 바로 정의가 되는 것이다. 4.19혁명을 계기로 우리나라 국민들의 민주주의에 대한 싹이 자랐으며 정의가 무엇이고 불의가 무엇인지를 판별하는 자각이 생긴 것이다. 그로부터 국민들의 자유민주주의 의식이 성숙해 왔다. 민주주의에 대한 열망이 더욱 강렬해졌다. 이로써 군부 독재나 헌법질서를 파괴하는 민주역행에 항거할 수 있는 기력이 생겨났다. 마치 일본군국주의에 협력하고 아부하던 친일세력들이 해방 후 대한민국 건국을 전후해서 우리나라를 혼돈 시키고 민주주의에 역행시키는 잘못된 사회적 흐름을 조장하였던 것처럼. 이 때문에 정의의 개념이 말살되고 불의가 판치는 세상을 만들었다.

해방 후 일제가 남기고 간 재산을 불법으로 점유함으로써 기업을 형성하여 오늘날 부유한 세력과 빈곤층으로 양극화 현상의 씨앗이 되어 버렸다. 불의와 정의의 싸움은 계속될 것이다. 그러나 그 심판을 올바르게 정립해야 할 것이다.

## ❷ 인생을 물처럼

인생人生은 물처럼 흘러간다. 잠시도 쉬지 않고 늘 흘러간다. 어제의 일은 물론이요 오늘 하루의 일, 아니 이 순간에도 흘러가고 있지 않은가.

먼 훗날 아름답게 그려지는 미래의 꿈도 어느 사이엔가 닥치고 보면 이미 흘러가고 있음을 본다.

물처럼 맑고 담담하고 또 깨끗한 삶의 흐름을 듣기만 하여도 우리의 가슴을 후련하게 씻어줄 물처럼 우리의 마음을 늘 정화 시킬 수는 없을까.

물론 그릇에 따라 모양을 소담스럽게 함축시킨다. 큰 그릇, 작은 그릇, 동그란 그릇, 네모진 그릇. 그러나 이 말은 때와 시간에 따라 지조 없이 변절한다는 말은 아닐 것이다. 그 환경에 따라 잘 조화가 될 수 있다는 가장 소박한 뜻을 가르쳐 주고 있는 것이다.

물론 때로는 사나울 때가 있어 홍수와 같이 밀려오는 때가 있다. 맑은 날 따스한 햇빛이 내리 쪼이는 하늘 아래 졸졸 흐르는 시냇물, 이러한 광경을 보노라면 우리의 마음도 저절로 부드러워지는 때가 있다.

인생을 물처럼 살고 싶은 마음, 이 얼마나 아리따운 말인가. 물은 우리의 마음을 적셔주기도 하고 우리들의 모습을 비쳐주기도 한다. 어지러웠던 지난

날과 우울했던 오늘을 씻을 수 있는 우리 인생의 귀중한 양식이기도 하다.

물을 보고 화를 내는 사람이 어디 있을 까. 또 물을 보고 욕을 하는 사람이 어디에 있단 말인가.

물이 우리에게 주는 고마움도 정녕 크거니와 물이 사람에게 주는 가르침도 한없이 크다고 느껴진다. 나를 앞세우지 않고 남을 위해 먼저 봉사한다는 자세. 많은 사람에게 뜨거운 눈물을 줄 수 있는 고마움, 조건 없이 줄 수 있는 마음을 물에다 비교한다고나 할까.

물은 언제보아도 조용하고 잠잠하게 마련이다. 본연의 자세를 갖춘 물에다 짓궂은 바람이 불면 물도 또한 흔들거리기 마련이지만, 물은 자기 자세로 돌아온다. 우리가 즐거울 때, 기쁠 때 그리고 슬플 때, 서러울 때도 물은 언제나 초연招薦하다. 이 세상 모든 산천초목이 물을 받고 자라듯이 조그마한 잔속에 담겨진 물속에서도 우리는 가장 자연스러운 희열을 느낄 수가 있다.

또 물이 우리 인간에게 주는 정서는 너무나 많다. 한 그릇의 청수淸水를 떠 놓고 오랜 시간 소원성취를 비는 우리 한국 아낙네들의 정성어린 모습도 애처로워 보인다. 여름날 개울가에서 개구쟁이 들이 벌거벗고 노는 동심童心의 세계도 모두 물에서 비롯된 정경情景이 아닌 가. 비오는 날 거리에서 비를 맞으면 우리들의 우울한 아픔이 한결 감미롭게 느껴지는 때가 많다. 또 끓어오르는 탕속에서 우리의 몸에 열기를 부어 피로를 풀어주는 것을 생각하면 물은 인간에게 주는 빼놓을 수 없는 또 하나의 고마운 인연이기도 하다.

이제 물을 앞에 놓고 곰곰이 생각해 본다. 물처럼 뜨거운 열기나 소담스런 정서 그리고 무서운 정적靜寂, 이러한 것들이 언제나 우리들의 사색에 날개를 펴고 마음속에 활기를 주며 한 가닥의 희망을 준다. 가장 소박하고 자연스러운데서 사람들은 진실을 만들고 정情을 이룩할 수가 있지 않은가.

물! 물을 보노라면 마음이 어쩐지 담담해진다. 웅크리고 옹졸했던 마음속이 저절로 풀어지는 듯하다. 물은 우리에게 언제나 일용할 양식으로, 기쁨과 즐거움을 안겨주는 사색의 시간을 선사하기도 한다. 그러나 물의 반듯하고 고요한 정기精氣에서 우리는 다툼이 아닌 참음을 일깨워 주는 것 같아 더욱 고마움을 느낄 수가 있다. 물처럼 섬세하고 온후한 곳에서 사람들의 세계는 중화를 잘 이루는 것이 아닌가.

비록 초라하고 작지만 사람들이 애써 이룩한 사람의 둥지를 만들어 내도 이처럼 티 없이 맑은 물속에서 더욱더 찬란한 빛을 찾아 낼 수가 있지 않을까.

## ③ 사람이 무서워 세상이 무서워

아침에 일어나 tv나 신문에 접하다 보면 어수선한 보도가 눈에 띈다. 세상이 무섭고 사람이 참으로 무섭다는 것이다. 끊일 줄 모르는 성폭행, 강도, 살인, 납치 등이 난무한 기사들은 사람들에게 신선한 아침부터 적지 않은 충격을 주고 있는 것이다.

게다가 물가의 폭등이나 공공요금인상, 교통사고, 화재사고 등의 사건들이 즐비하다. 사람이 사는 곳에 고의적인 범죄가 허다하지만, 이보다 어쩌다 실수로 일어난 사건도 계속 증가되고 있다.

이럴 때 미필적 고의라고 하는 형법상의 전문적인 용어가 있다. 예를 들어 산에 가서 사냥을 할 때 멀리서도 바라다 보이는 저 산중에 혹시 사람이 있지 않은가 하는 개연성을 무시하고 마구 엽총을 쏴대는 경우를 말한다. 좀 주의를 해야 함에도 불구하고 총을 쐈느냐 하는 문제이다. 또한 물에 빠져 허우적거릴 때 자신이 먼저 살기위해 다른 사람을 밀어제치고 혼자 살아남았다면 긴

급피난이다. 이는 어쩔 수 없는 과실을 인정한다는 것이다. 위에서 말한 산에서 엽총을 쏴 사람이 죽었다거나, 물에서 자신만이 살았다는 과실은 모두 형사법상 그 책임이 조각되어 처벌을 면할 수 있다는 것이다.

그러나 이 말은 과실사고는 종종 발생하고 있으니 어쨌든 자신의 욕심을 채우기 위해 다른 사람에게 피해를 주었다는 것만은 확실한 것이다. 사람이 사는 이 세상엔 사고나 분장이 연일 없을 수는 없다는 것이 극히 자연스런 이치에 속한다 하겠다. 이놈의 세상 하루도 편한 날이 없다는 푸념과 한탄이 사람들을 괴롭히고 있는 것이다. 고도로 발달한 문명과 문화수준이 높은 사회에서도 사람들의 교양의 척도는 가늠하기 힘든 것이 오늘의 세상이다.

길다고 볼 수 없는 인생살이에 고뇌와 고통은 끊일 새 없이 자신의 생활에 닥치고 계속 닥쳐오는 것이다.

인생고해 라는 말도 있지 않은가. 사람 사는 세상이 왜 이처럼 고생스러울까하는 말이다. 운 좋게 재물을 취득했거나 권력을 갖고 있는 사람들도 예외는 아닌 것이다. 세상에 일단 태어나서 살아간다는 자체가 고난을 동반한다는 것이다. 옆집에 강도가 침입했다 해도 대체로 무관심한 것이 요즘세상이다. 행여나 길에 가다가도 폭행으로 사람이 맞아 피로 얼룩져도 이를 수수방관하고 지나친 것이 예사일인 것이다. 이래서야 되겠는가.

도무지 살맛이 안 난다라는 목소리는 현세를 살아가는 많은 사람들의 공통된 이야기다. 병원에 가면 과도한 진료비로 환자의 고통은 막심하고, 시장에 가면 상인들의 폭리 근성 때문에 소비자는 현기증이 생길 판이니 세상은 온통 도둑놈의 세상이야기 같다는 말은 단순히 걱정거리로 여길 사항이 아닌 것이다.

내가 일본 동경에 갔을 때 책방에 들렀더니 〈대한민국은 도둑 공화국〉이라는 책이 버젓이 꽂아있는 것을 보고 깜짝 놀란 일이 있었다. 공직자들이 나라의 공금을 횡령하거나 공공기관의 예산을 몽땅 챙기거나 기업의 임원들이 회사 돈을 통째로 집어삼키는 식의 비리는 모두가 도둑의 누명을 벗기가 참으로 어려운 과제로 등장하고 있다.

언제부터 이 같은 부정부패의 풍토가 조성되었는지, 국민 모두가 이제 그 비리의 뿌리를 발본색원하는데 깊은 관심을 가져야할 때가 온 것이다. 투명한 인간, 투명한 사회를 건설하는 것은 국민들이 다 함께 들고 일어나야 할 문제이다. 나라의 기강을 세우고 사회를 정화시키는 데는 사회지도층에 있는 지식인들의 책임과 사명이 뒤따라야 한다. 대한민국의 미래는 무궁한 것이다. 현대에 사는 우리들은 후대에 사는 후손들에게 가치로운 정신적 유산을 물려주어야 하겠다.

## ❹ 하늘은 맑고 푸르른 데

하늘은 맑고 푸르른 데, 이 지상엔 왜 이다지도 어지럽고 어두운 그림자들이 많은 것인가. 하늘은 언제나 높은데서 이 땅위의 사람들을 내려다보고 있다. 낮에는 뜨거운 태양이 맹렬히 내려 쪼이며 밤엔 외로운 달 주변에 무수한 별들이 저마다 빛을 내며 번쩍이고 있는 것이다.

하늘의 먹구름이 짙으면 비가 오게 마련이며 찬바람이 세찬 계절이 되면 눈이 내려와 이 지상을 온통 새하얗게 뒤덮는다. 이 같은 현상은 우주대자연의 변함없는 법칙인 것이니 이 순리를 거역한다는 것은 있을 수 없는 일이다.

그런데도 이 땅위의 사람들은 왜 저 하늘의 순리를 무시하고 사회를 혼란케 만들며 나라를 어지럽게 하는 것인가. 그 옛날 한반도에 삼국전란시대를 비

롯해서 고려시대의 37년간 몽고대란, 이조시대에 7년간 임진왜란과 일제日帝 36년간의 암울했던 시절 그리고 해방 후의 좌·우익 혼란과 1950년 6.25민족상잔의 참혹한 전쟁을 거치면서 사람들은 거칠고 사나워 진 것이 사실이다. 그 후 대한민국 정부가 수립되면서 유럽의 서양 문명이 홍수처럼 밀려들어와 사람들은 극도의 이기주의와 집단적 내지 지역이기주의가 사회전체에 팽배해지면서 황금만능주의라는 퇴폐된 정신문화가 지금 성행하고 있다.

우리가 민족성을 개조하고 도덕정치를 펴자는 우리조상들의 주창에도 아랑곳없이 병든 부정 부패 의식은 좀처럼 사라지지 않고 있다. 이 오염된 사리를 정확하고 나라의 미래를 밝게 하자는 많은 사람들의 근심걱정도 외면당하고 있는 실정이다.

정계, 교육계, 금융계, 의료계, 산업계 상인들이 자신들의 이익추구에만 몰두하고 있으니 참으로 혼란스럽고 한심스런 일이다. OECD국가 중에서 우리나라 청렴도가 세계 39라고 하는 통계가 나왔다.

시중에서 사람들을 만나면 말하기를 지금 나라가 어떻게 되어가는 가 이구동성으로 말하고 있는 것이다.

이제 정의와 도덕은 이미 땅에 떨어지고 사람들의 민심은 하루하루가 다르게 인색해져 가고 있다. 인간성은 상실되고 인정이란 찾아보기 힘들며 양심과 경우 그리고 일반적 사회 통념은 무시되고 있다. 모든 일이 다 원칙과 기준이 말살되고 사건 사고가 발생하면 그 책임을 지는 사람이 없다.

거리를 가는 곳마다 사람들이 흥청거리는 것은 백화점의 고급상품 진열장, 그리고 거리에 달리고 있는 자동차는 국산자동차를 제치고 외제승용차들이 판치고 있다. 귀족 아닌 귀족행세를 하는 사람들이 스스로 귀족계층을 형성하고 오만과 불손을 일삼고 있다.

이에 반해 빈곤은 사회적 천대계층으로 전락하고 있다. 살인적인 물가로 인한 일반 서민들의 궁핍생활을 어떻게 설명할 것인가. 이 바람에 자살자와 이혼율이 OECD 국가 중에서 1위를 점하고 있다.

성폭행범과 강도, 그리고 절도범들이 날뛰고 있다. 더욱이 어린이 성폭행범들이 무척 늘어나 각 가정에서는 불안에 떨고 있는 실정이다. 나라의 치안과 수사당국의 사법처리가 너무나 허술한 것이 아닌가 하는 여론이 비등하고 있다. 지금 우리가 살고 있는 세상은 모든 것이 비정상적이며 제정신이 아니다. 국민들은 불안하여 정부를 신뢰할 수 없게 되었다는 것은 무엇을 의미하는 것인가.

우리가 위대한 국가를 건설하며 선진 문화 국가에 진입하기 위해서는 이제부터라도 위정자는 물론 각계사회 지도층 그리고 국민 모두가 한마음 한 뜻이 되어 퇴폐된 정신문화를 개혁해야한다.

우리는 북한과의 대치 상황을 항상 머리에 두고 하늘을 우러러 충심으로 성찰하며 반성하는 자세가 절실히 필요한 것이다. 말 뿐인 정책이나 실천이 아니고 부패한 사회를 개혁하는데 그야말로 절박한 결심과 의지가 서야 하겠다.

## ⑤ 독수리가 절벽에 사는 이유

독수리는 가파른 절벽에 둥지를 열고 서식하고 있다. 이 독수리는 눈이 매우 매섭고 입술은 날카롭기 그지없다.

하늘을 나는 뭇 새들을 제압하고 하늘을 나는 새들의 왕답게 군림하고 있다. 독수리는 왜 산중에 있는 절벽에서 사는 것일까. 누구나 한번쯤은 생각해 볼 문제 같으면서도 그 사유를 잘 모르고 있는 것이다.

독수리는 종횡무진 날아다니면서 아무리 높은 데서도 재빠르게 지상의 먹이를 낚아채 간다. TV에서 간혹 동물의 세계라는 프로를 보면서 독수리가 먹이를 잡아가는 것을 이상스럽게 여기는 사람은 별로 없는 듯싶다. 우리 인간 사회에서도 무서운 독재자의 위상이나 위엄있는 집단의 두목에서 하나의 상징적인 마크로 이용하고 있는 것을 볼 수 있다.

국왕이 제국의 권위를 과시하거나 한 집단의 수장을 높이 세우기 위해서 독수리의 위상을 세우고 있는 듯 싶다. 그만큼 독수리의 영상은 위협적이고 날카로운 것이다. 우리가 흔히 산꼭대기 높은 곳에 올라 낮은 데를 관망해 보면 어떤 생각이 드는가. 가장 높은 곳에서 가장 낮은 곳을 내려다 보는 순간에 자신이 스스로 업그레이드 한 감정을 누릴 것이다. 독수리가 여느 새들과 같이 수평적인 자세에서 거닌다면 다른 새들은 독수리의 위엄을 느끼지 못할 것이다.

독수리가 높은 경지에서 서식하며 하늘 높은데서 그 날개를 휘두를 때 모든 먹이는 사로잡히고 마는 것이다. 독수리는 높은 곳에서 지상을 내려다보며 먹이를 수색하고 다닌다. 평지에서 쳐다보는 것보다 높은데서 한눈에 내려다보는 시야는 그야말로 하늘과 땅 사이인 것이다. 산등을 깎아내린 백도의 구배에서 항시 지상을 그 시야에 들어내게 만드는데 그의 의미가 있는 것이다.

이 같은 이치는 사람들이 사는 세계에서도 부합되는 것이다. 사람들은 약육강식의 세상에서 사람을 부리는데 자신의 위상을 높이기 위해 사회적 위치도 높인다. 이 같은 사회적인 원리에서 위력을 갖는 강자와 약자 그리고 가진 자와 가지지 못한 자간의 갈등이 빚어지고 있는 것이다.

독수리의 매서운 눈초리와 여러 번 폈다 접었다 하는 날개의 위력 있는 바람은 자못 사람들에게도 무언의 놀라움을 보여주고 있는 것이다. 독수리의 생리는 매우 이색적인 데가 있다. 독수리가 생존하기 위해 먹는 것은 주로 동물들이 죽어서 부패한 것을 더 선호한다는 것이다. 죽은 동물의 생리적인 작용으로 독수리는 번식하고 그들의 생계를 개척하고 있는 것이다. 이 같은 생존 방식은 인간세계에도 매우 흡사한 데가 있다. 독수리가 하늘에서 지상의 먹이를 발견했을 시에는 속도가 매우 빠를 뿐 아니라 먹이를 사로잡는 것은 거의 99%의 확률을 갖고 있는 것이다.

내가 독수리와 같은 동물의 세계에서 특이한 생존 방식을 주는 이색적인 이야기가 우리들에게 어떤 교훈을 주는 것인지는 알 수 없다.

독수리가 험난한 돌산에다 집을 짓고 종족을 보존하며 살아가는 방식이 다른 조류에 비해 유별난 데가 있기에 흥미 있게 관찰해 보는 것이다. 독수리의 강인한 의지는 의미 있는 관찰 대상이 될 수 있다고 보는 것이다. 독수리가 왜 험악한 절벽을 택했는가에 대해 어느 정도 이해가 갈지 모를 일이다.

## ❻ 거꾸로 가는 시계

시계바늘은 보통 왼쪽에서 바른쪽으로 가는 것이다. 바른쪽에서 왼쪽으로 가는 시계는 존재하지 않는다.

그러나 시계는 어디까지나 시간을 가리키며, 이 시간의 연속은 인간의 역사를 이루는 것이다. 이 같은 철칙을 무시하고 어떤 사회는 시계바늘을 바른쪽에서 왼쪽으로 돌리려 하는 사회적 계층이 있다고 하면 있을 수 없는 황당한 이야기가 될 것이다. 이런 말은 좀 큰 뜻에서 말한다면 시대에 역행하여 사회를 곤두박질시키려는 세력들이 존재한다는 것이다.

우리가 뭐라 해도 저것을 불의에 속하며 그릇된 것이라고 주장하는데도 사

람들이 살아가는 일반상식과 사회적 통념을 무시하고 깡그리 발로 뭉개는 무리들이 있다는 것이다. 사회는 정상화 되지 못하며 하루 24시간, 한 달 30일 그리고 일 년 365일을 혼란의 도가니에 몰아넣는 악덕 세력들이 있는 것이다. 도덕도 땅에 떨어지고 정의가 실종된 상태에서 어찌 위대한 나라가 건설되겠는가. 시계 바늘을 거꾸로 돌리려 하는 사람들은 자연의 이치를 무시하며 인간사회의 도의를 짓밟는 악의 뿌리가 되고 있는 것이다.

지난날 4.19혁명의 사회적 갈등이 그러함과 우리는 잘못된 역사를 반성하고, 다시는 이 같은 역사의 오류를 범하지 않으려 노력하고 있는 것이다.

시계바늘을 역으로 돌리려 하는 세력들이 있다면 이 같은 일은 역사상 큰 죄악을 범하는데 역죄가 될 것이다. 잘못된 역사의 전철을 다시는 밟아서는 아니 될 것이다. 세상엔 대자연의 순리가 있으며 강물이 흐르는 것과 같이 도도한 역사의 흐름이 있는 법이다.

최근에 벌어지고 있는 부도덕한 작태는 무엇을 의미하는가. 매일 원칙과 표준을 무시하고 자신만의 이익을 위해 사회악을 조성하는 금융계 대형비리가 난무하며 일반 사회상식으로는 이해할 수 없는 비일비재한 사건 등은 나라의 미래를 생각할 때 매우 불행한 일이다.

가령 항해를 하는 배가 심한 폭풍을 만났을 경우에 선박은 어떻게 될 것인가. 배는 침몰할 것이다. 공중을 비행하는 항공기가 심한 악천후에 부딪쳤을 때, 그 항공기는 어떻게 되겠는가. 항공기는 지상으로 추락할 것이 아닌가. 부정과 부패의 비리가 사회각계에 만연하면서 독버섯처럼 돌아 남을 때, 그 사회는 어떻게 되며 나라는 어떻게 될 것인가. 사회는 몰락하고 나라의 국력은 쇠퇴하며 멸망하게 될 것이 아닌가. 가까운 근대사를 살펴보자.

과거 자유중국은 어떻게 되었는가. 국공합작國共合作의 실패로 장개석이 이끌던 자유중국은 탐관오리들의 부패로 정부의 힘이 약해져 모택동이 이끄는 공산주의에 밀려 지금의 대만으로 철수 한 예가 있다. 또한 자유월남의 고딘디엠 정권이 관리들과 승려들의 부패가 심해지면서 호치민이 이끄는 공산주의에 밀려나와 마침내 오늘날엔 나라의 이름마저 이 지구상에서 사라지는 비극을 맞은 것이다. 공직자의 부정부패로 인해 극도의 사회적 혼란으로 나라가 망하게 된 실례를 우리가 목도 한 것이다.

우리는 이 같은 역사의 비극적인 실례를 결코 망각해서는 아니 될 것이다. 나라의 지도층이 도덕관념이 희박하고 나라의 정신적 지주인 정의가 흔들릴 때 정부의 힘은 약화되며 국력은 쇠퇴해질 수밖에 없을 것이다. 지금 남북한이 이처럼 대치해 있는 상황에서 한반도의 사태는 매우 유동적인 것이다.

우리국민들은 그 어느 때보다도 국민적 역사의 의식을 갖고 안보 의식을 더 한층 강화하는 문제는 더 말할 나위가 없다. 거꾸로 가는 시계의 의미를 다시 한 번 깊이 음미할 필요가 있다.

## ❼ 세상 잘 못 보는 애꾸눈

세상사는 사람들은 모두가 두 눈을 갖고 있는 것이 통상이다. 그러나 두 눈을 갖고 있으면서도 두 눈의 구실을 못하는 사람이 없지 않다. 건강한 신체를 가진 상황에 사람 구실을 제대로 못하는 경우가 있겠으나 이런 사람을 반쪽사람이라고 말하는 것이다.

얼굴은 멀쩡한데 사람을 보면서도 제대로 인사를 하지 못하는 장애자가 있다. 사람을 보고서도 제대로 반가운 기색을 나타내지 못하는 사람도 있다. 사람이 슬픈 일을 당하여도 슬퍼할 줄 모르고 연민의 정을 느끼지 못하는 무색

투명한 사람도 있다. 세상엔 은혜를 하늘같이 입고도 은혜의 보답을 고사하고 보은의 다리에서 은혜의 느낌조차 못 가지는 무감각한 사람들도 있는 것이다.

은혜를 망각한 배은망덕의 사람을 일컬어 애꾸눈의 사람이라 한다. 애꾸눈을 가진 사람은 흔히 가정과 사회에서 교육을 받지 못한 비정상적인 부류에 속하는 사람도 있겠으나 본시 오만불손한 성품을 타고난 사람이다. 그저 무모한 시비나 이유 없는 반항, 비판을 늘어놓는 사람과 세상 살아가는 이치를 제대로 터득 못한 사람일수록 애꾸눈의 신세를 모면할 길이 없다.

애꾸눈을 가진 사람은 어느 모로 보나 사람들로부터 환대나 존경을 못 받는 것이 사실이다. 심지어 천대나 멸시를 받는 것이 일쑤라, 오늘날 문명이 고도로 발달한 사회 일수록 사람들과의 인정은 메마르고 극도의 이기주의가 팽배해지는 것은 참으로 슬픈 일이다. 사람들과의 관계에서 너무 자신의 주장을 높여 세우거나 자신을 스스로 높이 평가하는 어리석음을 피해야 원만한 대화를 이룰 수가 있다. 남이 말할 때 이를 열심히 끝까지 경청하는 아량을 베풀어야 우리가 사는 사회가 훈훈해지고 원만한 조화를 가져올 수가 있다.

오늘날처럼 생존경쟁이 심한 사회에서 살아남을 수 있는 유일한 길임을 우리는 간혹 망각하는 예가 있는 것이다. 어떤 사람들의 집단이나 세력들은 도덕과 정의 그리고 자유를 억압하거나 사람들과의 온화한 정서를 깨트리고 아무런 이유 없이 사람들과 혐오의 감정을 불러일으키는 어지러운 사회를 조장하는 예를 볼 수 있다. 우리는 한쪽 눈만을 갖고 세상을 대하는 애꾸눈의 모습을 보면서 세상을 저주하고 세상과 하직하고자 하는 우울한 삶은 다만 경계할 것이 아니라 이들과 미소를 갖고, 사람 사는 진정한 세상을 만드는데 노력하는 사람들이 얼마나 있을까 하는 의문을 갖게 되는 때가 있다.

어른들은 젊은이들을 대할 때 진실과 정중한 자세로 마음을 편안하게 해줄 수 있는 노력이 있어야 하겠다. 또한 어린이들은 어린아이의 착한 감정을 보살펴 항상 뜨거운 사랑으로 껴안고 어루만지는 노력이 절실히 필요한 것이다. 나는 무엇보다도 먼저 자신을 사랑하며 다른 사람들의 슬픔과 기쁨을 함께 나눌 수 있는 그런 생각을 간직해야 되겠다는 간절함이 어느 날 불쑥 떠올랐다. 애꾸눈이 아니라 두 눈을 가진 사람으로 제대로 사람구실을 할 수 있는 사람이면 얼마나 인생을 살아가는 맛이 나겠느냐 하는 마음이 충만하게 되었다.

## ❽ 종이 한 장의 감정

사람의 감정이란 그 사람의 심리상태 여하에 따라 온순해 지며 사람들에게 관용을 베푸는 수가 있으나, 감정이 악으로 치달았을 때에는 살인까지 저지르는 기묘한 심리상태를 보이는 수도 있다. 사람의 감정이 갑자기 격렬해질 때에는 악마로 돌변하면서 사람을 물어뜯는 격양을 보이지만 상대방의 태도 여하에 따라서는 온유한 감정으로 상대방을 껴안고 울 수 있는 것이 본시 인간의 원래의 모습인 것이다.

개인 간에도 그렇거니와 국제사회에서도 어제의 우방이 오늘의 적이 될 수 있는 것과 같이 사람들과의 이해관계에 따라 조석으로 변할 수 있는 것이 요즘 우리가 살고 있는 이 시대의 풍속도인 것이다. 그렇기 때문에 사람들과 대화를 나누거나 어울릴 때에는 무엇보다도 이해 관계를 떠나 담담한 마음으로 사람을 미소로 대해 줘야 원만한 관계가 이루어지는 것이다.

이해관계를 따지며 사람을 만나는 것이 우리들의 통상적인 표정인 만큼 종이 한 장에 불과한 사람의 감정을 잘 다스릴 줄 아는 사람이 현대를 살아가는 사람의 지혜인 것이다. 요즘 따라 부자간에도 상당기간 멀리 떨어져 살면 남이

나 다를 바 없다는 말처럼 가까운 형제간에도 서로의 왕래가 없을 때에는 남보다 못하다는 말도 있다.

그 만큼 세상이 야속하고 핍박해진 것이 사실이다.

친한 친구끼리 술을 마시다가도 상대방의 감정을 해치는 경우에는 격분하여 상대방을 때려 폭행하는 경우와, 심지어 살인까지 저지르는 것이 사람의 감정인 것이다. 감정을 자제하고 억제할 줄 아는 사람이야 말로 현명한 사람이며, 이 시대를 엮어 나가는데 절실하게 필요한 사람인 것이다.

감정을 잘 조절할 줄 아는 사람은 세상 모든 일을 원만하게 처리할 수 있는 사람이다. 한 가정에서도 부부간의 감정 조절이 잘 이루어지지 않을 때에는 나중에 파경에까지 이르게 되는 것이다.

이 같은 말 등은 잠시 동안의 감정을 이기지 못하여 한 가정이 파괴되고 자식들에게까지 불행한 사태가 발생한 것이다. 세상 모든 일들은 모두가 상대적이기 때문에 어느 한 쪽이 불손할 때에는 원만한 타협이나 화합을 이룰 수 없는 것이다. 부부간에 이혼에게까지 이르게 되는 것은 어느 한 편의 이해와 양보가 없기 때문이 아닐까. 두 사람이 함께 자신만의 주장을 하기 때문에 이혼 사태를 빚는 것이다. 어느 한 편이 양보와 화합을 도모한다면 이혼은 성립하지 않는다.

사람이 빈번한 접촉을 가진 사람이라 할지라도 상대방에 어떤 감정을 가슴속에 담아 대화를 나눈다면 입은 성사되기 어려운 것이다. 조금이라도 감정의 씨앗이 담겨져 있다면 일이 원만히 진행되기 힘든 법이다. 서로가 감정의 씨앗을 말끔히 씻고 상대방을 대한다면 일은 원만한 성과를 거둘 것이다.

사람의 감정이란 어떤 종교적인 차원에서 원수를 사랑한다는 마음으로 해결되는 것이 아니라, 종교이전의 사람이 가질 수 있는 가장 순수한 마음으로 서로의 의사를 교환하는데 비로소 인간관계가 성립되며 성공을 거둘 수 있는 것이다. 감정의 기폭은 겸손한 마음이 아닌 상대방을 천하게 여기는 오만한 태도로 대한다면 일은 실패하고 마는 것이다.

상대방에게 감회와 감동을 줄 수 있는 대화가 가장 이상적인 처세라 할 수 있다. 가장 순수하고 이해타산이 작용하지 않는 말솜씨가 상대방을 움직일 수 있다. 항상 미소와 관용으로 사람을 포용한다면 안 되는 일이 없을 것이다. 이 이상 즐겁고 행복한 일에 또 있겠는가.

## ⑨ 사람은 생긴 대로 행동한다

사람의 형상은 아무리 쌍둥이라 할지라도 그 성품은 각기 다른 것이 철칙이다. 사람들 얼굴의 눈이 그 사람의 창인 것이다.

사람이 교육의 차도와 교양의 척도에 따라 다소 다를 수도 있으나, 대개의 경우는 사람의 얼굴에 그 사람의 인품이 나타나고 있는 것이다.

사람이 영리하다거나 미련하다 하는 것은 그 사람의 눈을 보면 어느 정도인가를 가늠할 수 있는 것이다. 이런 말은 관심이나 사주를 보는 역리학자의 말을 빌리지 않더라도 사람의 체험과 감각의 정도에 따라 판단할 수 있는 것이다.

이 같은 철리는 태곳적 하나님께서 사람을 만들 때 정해놓은 이치에 속한 것이다. 왜 하나님께서는 사람의 형상을 천태만태로 빚은 것인가. 혈육에 따라 그 자손들이 부모와 조상의 피를 이어 받는데서 얼굴의 형상만이 비슷하게 태어난다.

사람들의 사고나 말, 그리고 행동은 유전자를 따라 그대로 답습하는 것이 원칙이다. 오늘날 현대의 복잡다단한 사회에서 사람들과의 대인관계와 처세에

서 상대방이 얼마큼 이익을 자신에게 주는가, 그렇지 않으면 피해를 줄 것인가는 사람의 인상과 그 형상이 크게 좌우하게 되는 것이 너무나 당연한 이치에 속한다. 학력과, 지식수준 그리고 지역 특성과 특수한 인연, 학연에 따라 정도의 차이를 측정할 수가 있는 법이다. 사람의 믿음을 주는 신뢰도는 이상과 같은 요인으로 인해 상당한 차이가 생기는 것이다.

사람의 행동방식은 생긴 그대로 행동하는 것이 원칙이다. 물론 예외는 있지만 그것은 극소수이다. 얼굴의 형상이 어딘가 험하게 생긴 사람은 강도나 납치를 일삼고 추하게 생긴 사람은 성폭행이나 성추행을 하는 것이 보통이다. 또한 눈 놀림이 빠른 사람은 교활한 일을 일삼아 대개는 간신배 노릇이나 하는 사람이며, 쓴웃음을 짓고 거짓말 잘하는 사람은 사람을 기망하는 사기나 협잡배요, 독하게 생긴 사람은 폭행을 하며 고리대금을 노리는 사람이다.

얼굴이 쪼잔 하게 생긴 사람은 소심한 사람이라 졸장배라는 별명이 붙는 사람으로 큰일을 못하는 사람이다. 원숭이처럼 생긴 사람은 의리를 헌신짝처럼 여기며 배신을 잘하는 사람이다. 이상과 같은 말은 대체로 원칙적인 것이다.

상당한 교양을 쌓고 사회적 체면을 유지하는 사람은 그 생김이 비록 야하게 생겨도 함부로 자신의 명예를 더럽힐 만큼 경거망동한 행동은 섣불리 하지 않는 것이 있다. 얼굴이 성급하게 생긴 사람은 대개 걸음이 바르며 말도 빠르게 한다. 이런 사람은 성격이 괴팍하고 일처리를 원만하게 처리를 못한다.

얼굴이 일그러진 사람은 사람들에게 동량하며 살고 누구에게나 피해를 끼치는 사람으로 볼 수 있다. 얼굴이 한결 같지 않고 하루에도 열두 번 변하거나 표정이 복잡한 사람은 자신의 출셋길을 도모하기에 급급하기 때문에 남을 돕거나 남에게 혜택을 주지 않는 사람이다.

항상 고뇌에 차고 생각을 깊이하며, 침울하게 보이는 사람은 돈 버는 데는 거리가 먼 사람으로 누구에게 아첨하고 상냥하거나 담담한 미소를 갖기 힘든 사람이다. 오늘처럼 사회가 복잡 미묘하고 험난한 세상에서 자신의 생존을 유지하며 실패의 늪에서 신음하지 않으려면 대인관계에서 사람들의 표정을 잘 익혀서 처세해야 할 것이다.

## ⑩ 철판인간이 판치는 세상

철판인간이란 말은 매우 낯선 말이다. 알고 보면 사회풍조의 단면을 가르치는 의미를 내포하고 있다. 그것은 원칙과 질서를 문란하게 하는 정신이지, 단순한 언어가 아닌 것이다. 속된말로 해석한다면 낯 두꺼운 얼굴로 공공질서를 무시하며 사람을 함부로 속이고 자신의 이익만을 추구하는 사기성 있는 사람들의 별난 얼굴을 말한다.

사람이 매우 뻔뻔스럽다는 말이 있다. 남에게 미안하거나 죄송하다고 하는 감정은 완전히 외면하는 것이니, 말하자면 불의와 비리를 다반사로 여기는 사람을 말한다. 세상엔 정직과 성실로 일관하여 사람들과 대화를 나누고 거래하는 사람도 많은 것이다. 부정을 저질러도 부끄러움을 모르고 막가는 사람의 계층을 철판인간이라 부를 수 있다. 철판을 쓰고 행세하는 사람이 온 천지에 깔려있다는 것이다. 잠시 후엔 금방 들킬 것을 알면서도 상대방을 기망하는 사람이다.

이런 사람과 대화를 하다보면 자신도 모르게 말려들거나 알면서도 상대방의 고요한 수단과 방법으로 접근해오는 사람의 음흉한 계략에 속아 넘어 간다. 이러한 사람은 무엇보다도 자신의 행위에 대해서 책임을 지지 않을 뿐 아니라 남에게 잘못된 것을 떠맡기는 악습을 지녔다.

어떻게 해서 이런 악덕 세상이 도래했는지 도저히 이해가 안 간다.

세상이 살기 힘들고, 되는 일이 없는 사람들의 무기가 철판인 것이다. 일종의 가면과 같은 것이어서 진실을 은폐하고 얄팍한 술책으로 사람들을 농락하는 것을 말한다.

철판인간은 대개의 경우, 그 관상부터가 정상적이지않은 인상을 풍겨 세상을 달관한 사람들은 얼핏 판별할 수가 있다. 이런 사람들로 인해서 세상이 어지럽고 혼란스러워지는 것이다.

고의든 과실이든 철판인간들은 대개가 신의가 없어 믿을 수 있는 면이 희박한 사람이다.

철판인간은 태어나면서부터 굴절된 인간으로 태어난 것이 아니고, 사회에 적응되지 못한데서 비롯된 것이 그 대부분이라 경쟁에서 낙오되어 자신을 내세울 만한 자질이 부족한데서 발생하는 것이다. 철판 인간이 생기는 것은 기본적으로 불성실한 바탕 위에서 나타나는 것이다.

옛날에 현명한 한 선배는 자신과 근본적으로 뜻이 맞지 않는 사람은 동지가 아니기 때문에 악수조차 할 필요가 없는 부류의 사람으로 각별한 주의를 요하는 사람으로 구분 지었다.

오늘 우리가 숨 쉬고 있는 이 사회는 부끄러운 말이기는 하나, 이들이 우리 주변에서 무위도식하고 있는 것이다. 철판인간이란 이 사회에 횡행하고 있는 불량계층임에 틀림이 없다.

상대방에게 막심한 피해를 입히고도 도피해 가는 범죄형의 사람인 것이다. 선량한 사람들이 어이없이 당하는 피해는 독버섯처럼 지금 늘어나고 있는 것이다. 대인관계에서 단순한 가면을 쓰고 대하는 사람과는 그 자질이 다른 것이다. 요즘처럼 살기 어렵고 험난한 세상에 이 같은 철판인간을 만난다면 그 피해는 커가는 것이다. 염치없고 체면도 없는 막가는 사람인지라 선량한 사람들이 늘 조심해야 할 대상이다.

복잡한 거리에서 사람들의 지갑을 터는 쓰리꾼이나 사람을 눈앞에 두고 무작정 금전상의 부담을 주는 얌체족도 철판인간인 것이니 사람을 가려서 지혜롭게 삶을 영위해야 될 것이다. 철판인간이란 양심도 없고 예의범절도 마구 묵살해버리는 무서운 계층의 사람들이다.

**제9장**

# 도덕

## ❶ 새로운 도덕정치를 펴자

우리나라가 도덕정치를 펴는데 있어서 구태여 중국의 공자나 맹자 또는 장자의 도덕관을 도입할 필요는 없는 것이다. 우리나라는 이미 이조시대에 다산 정약용 선생이나 퇴계 이이 선생의 도덕을 본받아 정치 분야에서부터 본받아야 할 부분이 있다고 본다.

그러나 우리가 현대 21세기 글로벌 시대에 사는 사람으로 도덕이 무엇이냐고 하는 교육은 학교 교육이나 사회 교육에서 배운 것이 많은 관계로 깊은 학문과 철학을 도입해 도덕정치를 행하지 않아도 우리가 정신을 가다듬으면 도덕정치를 펼 수 있다는 것이다.

우리가 왜 도덕 정치에 새삼스럽게 관심을 두는 것은 지금 나라 안의 각계에서 벌어지고 있는 비리와 부정, 부패가 만연되어 있어서 이를 청산하는데 도덕정치가 절대적인 구심역할을 하기 때문이다. 지금 우리들의 주변에서 펴지고 있는 공금행령이나, 유용 그리고 대기업과의 정경유착으로 경제 민주화가 이루어지지 않고 있음에 나라의 기강은 흔들리고 더욱이 원칙과 기준을 무시하

는 사회정의가 실종되고 있으니 이 혼란스런 사회를 하루바삐 정화시켜 정상사회로 복귀해야 한다는데 그 참뜻이 있다.

양심과 인간성이 회복되고 위정자나 국민들이 한마음, 한뜻으로 나라를 이끌어 간다면 얼마나 좋겠는가. 아무리 정부가 고차원의 정책을 편다고 해도 국민들이 정부나 정당을 신뢰할 수 없다는 게 큰 문제로 도사리고 있는 것이다. 지금 우리가 명심할 것은 지나온 근대사에서 도덕기반이 무너져 나라가 망한 실례들이다.

국민들이 다 주지하는 바와 같이 이 사회의 도덕 기반이 무너진 지가 오래되었으며, 그 도덕 기반이 위험수위에서 붕괴되고 있으며 사회 정의는 구현되지 않고 있다. 이 같은 악순환이 반복되고 계속되는 경우 나라의 장래가 심히 우려되는 것이다. 그 결과는 명약관하한 일이다.

지금 남북한이 극한으로 치닫고 있는 마당에 우리의 정신적 퇴폐를 바로 잡아야 하며 이에 안보의식은 한층 강화되어야 한다는 말은 이미 귀가 따갑도록 들어온 바다. 이 같은 사회악을 청산하지 않고서는 결코 국민이 정부를 신뢰할 수 있는 강한 나라가 되지 못한다. 도덕관념이 약화되면 국력이 쇠퇴해지면서 자연히 나라의 위기가 도래될 수 있다는 강박관념을 저버리지 말아야 한다.

도덕 망각 증세는 사회각계에서 벌어지고 있는 실례에서 감지할 수 있다. 국민이 고통스러워하는 그 구체적인 부도덕현상을 나라에서 능히 규제해야 할 문제가 있다. 가령 종합병원에서 환자가 의사에게 특진료를 지불하고, 게다가 수개월간의 처방약까지 이중으로 고액의 약값을 강요받는 부조리가 오랜 시간 계속되어 오고 있다는 것이다. 병을 진료 받으면서 환자는 과도한 병원비용 때문에 얼마나 부담스럽겠는가. 이 같은 현상은 의사가 인간적인 양심에서 스스로 해결할 수도 있는 것이다.

국가는 도덕성문제에도 실정법에 따라 불량국민들을 규제할 수 있는 강한 규범이 있었으면 좋겠다. 대한민국의 같은 국민이라면 좋지 못한 민족성을 개조하고 국민성을 순화시켜 국민들이 불만이 없는 따뜻한 마음으로 정부를 신뢰하며 편안하게 사회적 분위기가 조성되었으면 좋겠다.

나는 속히 새로운 도덕정치가 되길 갈망할 뿐이다.

## ❷ 전곡(全谷)마을의 나무꾼

나에게는 경기도 전곡全谷에서 군복무시절 한때 나무꾼이 되었던 애틋한 추억이 있다. 나는 대학을 졸업하자마자 전남 광주에 있는 육군보병 학교로 끌려갔다. 그때는 한국전쟁이 일선에서 포성이 멎으며 휴전이 된 직후였다. 휴전이 막 되자마자 나라에선 군의 인력을 보충하기 위해 거리에서 장정들을 강제로 징집하던 때였다.

장교과정을 마치자마자 나는 임관되어 최일선인 전곡으로 배치되어갔다. 일선 사단사령부에 부임하자마자 대학을 갖다온 초급장교에게 사단장이 물었다. 일선에 나가기를 원하느냐, 그렇지 않으면 사단사령부에 배속되기를 원하느냐 라고 하였다. 나는 당시 법무장교이면서 일선 전방 근무를 원했다. 연대에 내려가 다시 대대에 배치되고 다시 중대와 소대에 까지 내려간 것이다. 나는 소총소대장이 되어 일선최전방으로 군사분계선이 바라다 보이는 적을 눈앞에 둔 잠호 속에서 군복무를 시작한 것이다. 이곳은 경기도 전곡으로 서부전선 최전방부대인 것이다.

아침저녁 소대원을 이끌며 부대원을 통솔하는 임무였는데 그런대로 할 만하였다. 소대원들은 나를 잘 따라 주었고, 중대장, 대대장, 연대장 등 상급자들은 모두 학사장교가 이곳 일선에까지 왔다하여 친절하게 나에게는 적절한 임무를 그때마다 지시해 주었다. 각별히 연대장은 시를 쓰고 시집도 발간한 지식인이란 것을 알았다. 이때 나는 나에게 주어진 군국의 임무가 이런 것이구나 하고 열심히 소대를 잘 통솔하는 장교가 되었다.

그 후 6개월의 소대장 임무를 마치고 사단 법무부에 복귀하였다. 사단 사령부 법무부란, 일선에서 군사재판을 하는 군재판장이었다. 군에서 이탈하는 탈영병이나 기타 사회일반 법원과 마찬가지로 절도, 강도, 성폭행과 같은 각종 범죄를 한번에 70~80명을 다루는 이른바  군법회의인 것이다.

나는 사단에서 군검찰관 역할을 담당하였다. 각기 예하 부대에서 헌병이 호송해 오는 장병들을 공판하는 것이다.

군 범죄자들은 그 정상이 매우 참작할만한 사건들이 많았다. 그들의 개인 사정을 조사하다 보면 참으로 눈물겨운 상병들도 적지 않았다. 일선에 천막을 쳐놓은 부대라 밤이면 매우 삭막하고 한번 찬바람이 불어 닥치면 걷잡을 수 없이 추웠다. 영하 30도에 육박하는 겨울추위는 견디기 어려운 때도 있었다.

이야기의 실마리는 이제부터이다.

그 당시 사단에 파견되어 왔던 한 군 목사님이 있었다. 그분은 꽤 성격이 온순하였고 인정이 많은 목사였다. 그는 갓 결혼한 부인을 이 같은 추운 열선에 데려와 함께 기거하였으니 그 고생은 막심하였다. 한번은 목사님 막사에 들렀는데 부인이 아이를 낳은 지 며칠이 안 되는 처지에 온기하나 없는 움막에서 누워 신음하고 있었다. 이를 보다 못한 나는 그 길로 뒷산에 올라가 한 아름 나무를 지게에 짊어지고 내려와 목사 부인이 누워 있는 아궁이에 불을 질렀다.

땅굴 같은 움막에서 고통스러워하는 산모를 따뜻하게 해주었다.

이런 일은 여러 번 일어났다. 이럴 때 목사님은 어디로 나가고 없는 것인지 하면서 나는 그 목사님에게 한없는 연민의 정을 느끼었다. 이런 일이 있은 후부터 목사님은 나를 구세주처럼 여겨 고마워했다. 지금은 그 목사님이 어디에서 무엇을 하고 있는지 모르고 있다. 겨울날 살을 에는 추위를 무릅쓰고 나무를 베어다가 산모를 따뜻이 해준 기억은 나에게 아직도 추억으로 남아있다.

## ❸ 세상을 독하게 사는 사람들

우리가 사는 세상을 착하게 사는 사람이 있는가 하면, 독하게 사는 사람들도 있다. 사람들 끼리 대할 때 온화한 성품에 미소를 지으며 친절하게 대하는 사람이 있고, 이와 반대로 사람을 만날 때 독한 얼굴로 박절하게 만나 주는 사람도 세상엔 적지 않다. 세상 사람들은 그 성품이 가지각색인 것이다.

오늘날처럼 실업 사태에다 생존경쟁이 격심한 사회에서는 자신과 어떤 인간관계로 각별한 친분을 맺기 전엔 그렇게 친절을 베푸는 사람이 드물다. 이에 반해서 자신과 아무런 이해관계가 없는 사람과는 눈도 마주치지 못하고 대화를 꺼리는 것이 일수다.

문명이 개척되지 못한 암울했던 시절엔 대개의 경우 세상인심도 그럴 대로 무난하였으나, 분명히 차츰 발전하고 세상사는 것이 고되자 사람들이 자신의 이익만을 추리게 되고 남을 돌보지 않게 된 것이다.

이 같은 풍조는 형제간에도 왕래를 하지 않고 서로가 애정을 교환하지 않는 냉랭한 세상이 되고만 것이다.

왜 우리는 이렇게 인정사정없이 살아야 하는 것인가. 속된 말로 호랑이 담배 피는 시절이라는 말이 있다. 서로의 이해타산을 따지지 않고 순수한 마음에 왕래하던 시대는 지났다는 것이다. 대부분 부유하게 사는 사람일수록 나눔의 정서는 희박하고 남을 냉대하거나 천대하는 오만한 계층이 있다. 그러나 재물을 가지지 못한 사람이 더 인정을 베풀고 나눔의 정성을 베푼다는 사회풍조가 바로 요즘의 세상인 것이다.

사람의 일생이 그리 길지도 않은데 사람들의 인정은 차츰 메말라가고 인색해 지고 있는 것이다. 항상 독기를 품고 다니는 사람일수록 친척이나 남을 관용할 줄 모르는 사람이다. 우리는 이와 같이 험난한 세상에 살면서 사람들끼리 서로가 반목과 미움으로 살면 세상은 장차 어떻게 되겠는가. 지식이 있거나 권력이 있거나 재물을 가진 사람일수록 사람들을 냉대하는 경향이 있다. 그야말로 독하게 사는 사람들인 것이다.

이 세상에 계층을 조성하고 오만과 불손을 일삼는다면 사람과 사람이 함께 사는 이 공동사회는 무너지고 말 것이 아닌가. 이와 같은 사회적인 불손한 계층을 달래기에는 이해의 도를 넘어섰다.

도덕과 윤리적인 기반의 무너지고 극도의 이기적인 행태는 어떤 종교적인 힘으로도 막을 길이 없는 세상이 되고 말았다.

부모와 자식 간에도 윤리적인 의식이 희박해져 가고 있다. 심지어 자신의 어떤 이익을 위해서는 존속 살해도 서슴지 않는 독한 세상으로 변하고 있으니 참으로 개탄스런 일이다.

사회일각에서는 충효사상이나 경로사상 그리고 도덕 재무장운동까지 전개하고 있으나 아무런 효과를 보지 못하고 있다. 도덕운동은 이미 퇴색되어가고 경로사상은 달갑지 않은 수신과목으로 전락하고 말았다. 물질문명은 발달했으나 정신문화는 이에 따르지 않고 퇴폐일로를 걷고 있다. 이 퇴폐정신을 타파하고 개선해야 우리가 살아남는 길이 열린다.

지금 인정이 메마른 이 사회에선 사람을 사랑하는 사랑의 정신이 일어나야 한다. 이 냉랭하고 독한 세상을 바꾸는 데는 오직 사랑의 운동이 필요할 뿐이다. 말로만 부르짖는 사랑의 운동이 아니고, 진정으로 뼈를 깎는 사랑의 실천운동이 범국민적으로 전개되어야 한다. 신을 숭상하는 사람이나, 신을 믿지 않고 부정하는 사람이라도 사랑의 운동은 필요한 것이다.

## ❹ 나에게 은혜가 충만한 사람들

세상에 태어나서 평생을 두고 나에게 각별히 은혜를 베풀어 준 사람이 있다. 그런 은혜로운 사람의 얼굴이 밤이면 잠자리에 누울 때, 아니면 기차여행을 하면서 차창 밖을 내다보며 시름에 잠길 때, 그리고 조용한 공원 벤치에 앉아있을 때면 그 사람들의 얼굴이 떠오른다.

살아생전 나에게 은혜로운 사람들에게 그 은혜에 보답해야 함에도 그렇게 실천에 옮기지 못하고 있는 것이 무척 후회스럽다. 그 사람들 몇 분은 이미 세상을 떠난 사람이 많다. 최근에 와서 자주 만났던 친지를 갑작스럽게 잃었을 때에는 가슴이 무척 아프고 세상이 쓸쓸해  지는 때가 있다. 내가 죽기 전에는 꼭 은혜를 갚아야 할 것이라는 생각이 떠오른다.

지금으로부터 수십 년을 거슬러 올라가면 약 40~50명도 손꼽을 수 있다. 내가 곤궁에 빠졌을 때 교회의 어떤 사람은 자신의 통장을 털어 내가 지금 갖고 있는 돈이 이것밖에 없으니 이 돈을 보태 준다고 했을 때 나는 많은 눈물이

가슴에서 흘렀다. 또 내가 책을 냈을 때 책 한 권만 갖고 수십 권, 수백 권 값을 서슴지 않고 내준 은혜로운 사람이 있다. 아무리 사회가 냉랭하여도 이런 분들이 나를 보살피니 세상 살 맛 난다는 생각이 들었다.

내가 미국에 갔을 때 돈지갑을 잃어버리자 미화 5백 불을 선뜻 내준 사람도 있다. 어디 이뿐인가, 물심양면으로 나를 아껴준 교회 목사님 두 분이 있다. 이 목사님은 나에게 너무나 과분한 대접을 주고 항상 나를 격려해 주었으니 얼마나 고마운 분인가. 또한 초등학교 동창은 나를 만나자 용돈으로 수 십 만원을 아무런 조건 없이 집어주는 사람도 다시없는 평생의 은인이다. 그는 내 책 표지의 디자인을 손수 만들어 주는 사람이다.

한번은 1950년 6.25전쟁이 터지자 남하한 북한군은 중학교 학생들까지 서울에서 마구 강제 연행해가며 서울 종로 수송국민학교에 젊은이들을 수없이 집합시키고 있었다. 이제 막 낙동강 전선에 이들을 투입한다는 소문이 나돌자 많은 젊은이들은 전율에 떨고 있었다.

강제로 끌려온 젊은이들이 정돈해 일렬로 서있을 때 갑자기 '형님, 빨리 몸을 피하십시오!' 하는 소리가 귀에 들렸다. 저 한편에 있는 운동장 화장실이 눈에 띄어 나는 황급히 화장실로 뛰어가 뒷간에서 밤이 되기를 기다리며 밤 9시까지 앉아 신음하고 있었다. 이 후배의 각별한 보호가 없었다면 나는 영락없이 낙동강으로 출정했을 것이다. 일선에 잡혀갈 위기를 모면 할 수가 있었으니 이 생명의 은인은 지금 어디에 있는지 소식이 캄캄하다.

내가 자나 깨나 내 마음 가는 곳엔 언제나 이 은혜로운 사람들의 모습이 떠오른다. 이밖에 나를 언론계 일간신문 논설위원으로 추천해준 사람, 그리고 국방부와 통일원에 나를 인도해준 사람이 떠오른다. 그들은 내 가슴속에 새겨져 있다. 그리고 자유지성300인회 편집위원장직을 추천해준 선생님, 정부기관에 행정자문위원으로 추천해 준 그 온유한 얼굴 이분들은 거의 고인이 되었으니 그 은혜의 백분의 일도 보은 못했으니 참으로 죄스럽고 송구스런 마음이 그지없다. 그런데 어찌하여 나는 아직도 살아서 생존을 유지하고 있는가, 그 분들에게 진정으로 감사를 드린다.

오늘도 나는 세상을 떠난 그 분들에게 통한의 정을 느끼면서, 세상을 뜻있게 보람 있게 국가와 민족을 위해 그리고 사회를 위해 헌신하고 봉사해야 한다는 비장한 생각이 용솟음친다.

## ❺ 사람이 돈 때문에 위축되다

무엇 때문에 사람을 사랑하고 미워하는가. 사랑과 미움의 이야기는 어제 오늘의 일이 아니다. 하루에도 열 번씩 변하는 것이 사람의 마음이다. 어느 누가 여자의 마음은 갈대와 같다고 하였는가.

비단 여성뿐 아니라 세상이 급격히 변해가면서 남성들도 마음의 동요가 심한 것이 사실이다. 문명이 급속도로 발전해 가면서 사람의 문화 수준도 이에 비례할 수밖에 없다. 고도의 문명 속에서 사람들의 욕심 또한 무한한 것이다.

남보다 우월한 환경에서 문화생활을 향유하기 위해서는 돈의 위력이 제1위를 청하고 있는 것은 두말할 나위가 없다. 이처럼 황금만능시대에 접어들면서 돈 버는 일이 어쩌면 하루전체의 일과가 되고 있는 것이다. 아니 돈 버는 정신이 전 생애를 지배하는 기묘한 세상을 맞게 되었다. 돈의 광기 속에서 사람의 인정이란 거의 메마르고, 돈만 가지고 따지는 비참한 세상을 보게 된 것이다.

이 돈 때문에 사람들과 다투며 심지어 살인까지 하기에 이른다. 돈의 위력

이나 돈의 세도에서 사람들은 언제부터인지 사람을 미워하게 되는 시대가 되었다. 바로 돈 때문에 인연을 맺고 사람들은 하루에도 몇 번씩 미워하는 감정이 치솟는다. 사람을 미워하게 된 데는 따지고 보면 모든 원인이 돈 때문에 벌어지는 일이다. 한 가정에서 부모와 자식 간의 감정도 그렇거니와 두터운 우정을 맺어온 사이에도 돈으로 인한 갈등으로 우정이 깨지고 친구를 미워하게 되며, 심지어 친구를 살인까지 저지르는 것이다.

그러나 사람들이 원수와 같은 사이에도 돈으로 인해 두터운 동반자가 될 수도 있다. 사람들 간의 갈등이나 분쟁 등은 결국 돈으로 인해 발생하는 문제인 것이다. 어떤 종교단체에서 사람을 사랑하라는 설교를 끊임없이 듣고도 사랑을 실천하지 못하는 이유는 무엇인가. 순수한 사랑에도 돈이 개입되는 것인가. 사람을 사랑하라는 진정한 의미는 과연 무엇인가. 우리는 사람을 사랑하고, 사랑해야 하는 문제를 안고 있다. 우리는 사랑의 본질을 따지기 이전에 왜 사랑하는가가 더 중요한 것이다. 이같이 사람을 사랑해야할 필연성을 이해할 수 있다면 사랑의 진실을 자연히 터득하게 될 것이 아닌가.

사실 사랑의 역사는 바로 태곳적부터 내려오는 인류의 역사 그 자체라고 할 수 있다. 인류가 지탱하게 되는 원동력은 바로 사랑의 정신이다. 돈 때문에 사랑의 순수성이 훼손되어서는 아니 된다.

시대와 사회에 따라 돈 때문에 사랑의 본질적인 개념이 변해 가고 있는 것이 사실이다. 종교단체에서 성직자는 돈과는 거리가 유지되어야 함에도 불구하고 그렇지 못한 현실이 팽배해지면서 사랑을 추구하고 사랑을 실천에 옮기는 선교사가 드물어 그 본래의 사명에 어긋나는 사회가 된 것이다. 세상엔 사랑만큼 순수한 것이 어디에 있겠는 가. 이 말은 수백 번, 수천 번 들어도 틀림이 없다. 사랑의 본질은 변하는 것이 아니다.

돈 때문에 오염된 세상에 물들어 사랑이 소외되거나 사랑이 외면된다면 우리는 세상을 살아가는 의미가 없어질 것이다. 순애보라는 말도 있지 않은가. 사랑 때문에 살고 죽는 고뇌는 참으로 숭고한 것이다.

돈 때문에 사랑의 정신이 실종되거나 상실되는 것은 우리가 방지해야 한다. 오늘날 세상은 돈의 그늘에 사랑이 가려져 삶을 포기하고 생명을 끊는 예를 얼마든지 볼 수 있다. 지나친 문명에 도취되어 다른 사람과의 생존경쟁에 찌들고, 진정한 사랑은 차츰 그 본질과 가치가 상실해 가고 있는 현상이 매우 안타깝고 서글픈 이야기가 되고 있는 것이다.

## ❻ 더 사랑하지 못한 후회

사람을 만날 때 반가운 친구를 만나도 우리는 흔히 악수를 가볍게 하고 나면 그만이다. 그러나 이런 일을 후일 곰곰이 생각해보면 더 뜨겁게 대하지 못한 것이 후회될 때가 있다. 지금에 와서 다시 곰곰이 생각해보니 그때 내가 친구를 껴안고 등을 두들겼다면 상대방이 얼마나 감동을 받았을까 하는 후회가 든 적이 있다.

어떤 때는 서로가 얼굴을 비벼대며 좌우 볼을 맞대는 때도 있다. 이런 경우는 비단 유럽식으로 서양 사람만의 인사가 아니다. 우리나라에도 서양문명과 문화가 밀려들어와 이제 이런 인사법을 아무도 이상하게 여기지 않는다. 사람의 감성이란 매우 예민한 것이어서 이런 생활방식이 요즘 세상에서 더욱 간절하고 요긴한 것인지도 모른다.

나이가 차츰 들어가니 주변에서 세상을 떠나는 사람도 점점 늘어가기 마련

이다. 그래서인지 살아생전 매일같이 함께 지내던 친구와 친지들이 갑작스럽게 쓰러지는 것을 볼 수 있다.

이럴 때 얼핏 후회가 되는 것은 내가 왜 그 사람을 더 사랑하지 못했나 하는 후회다. 이런 때일수록 사람 사는데 사랑이 얼마나 소중한 것인가를 깨닫게 된다.

사랑의 부족이나 결핍이 인간사회를 망치게 만드는 것을 우리가 매일같이 겪고 있는 것은 사실이다. 종교상의 이유를 빌리지 않더라도 세상 모든 사람에게 사랑으로 대할 수만 있다면 세상은 그만큼 밝아질 수가 있다. 그러나 그렇지 못한 것이 오늘날 세상이니 사랑으로 세상을 다스린다는 것은 그만큼 아름다운 것이어라.

사랑은 모든 것을 용서할 수 있는 것이니 사랑으로 모든 것을 엮어나갈 수만 있다면 우리는 후회 없는 인생이 될 것이다. 우리는 일상생활에서 모든 사람들이 더욱더 윤택한 삶을 영위할 수 있지 않을까. 사람의 일생이 지겹고 긴 것처럼 여겨지거나, 세월이 화살처럼 쏜살같이 지나가는 것을 보면 우리들의 인생이 그리 긴 것이 아니라는 것을 실감할 수 있다.

이 땅위에 사람들에게 하나님이 단 한번뿐인 초대를 한 것을 보면, 짧은 인생을 소중히 여기고 사람들을 사랑하고 자비와 관용을 베풀 수 있는 그런 인생살이를 하다가 생을 마감하는 것이 하늘에 순종하는 길이 아니던가.

사랑이 머물지 못한 곳에 미움이 도사리게 되고 급기야 귀중한 인간관계가 끊어지며 가정이 파괴되고 우리들의 모든 생활이 혼란에 빠지게 되는 것이 아닌가. 가정이 원만하다는 것은 부부간의 화합이나 부모와 자식 간의 관계가 순조롭다는 것이니 이는 오로지 사랑으로 다스려지며 사랑으로 조화를 이루는 것을 의미한다. 나아가서는 사회가 조화를 이룬다는 것도 넓은 의미에선 모두가 사랑과 관용으로 이루어진다는 사실이다.

지금 황금만능 시대에 들어서자 사람들의 마음이 제정신이 아니라는 모습을 보여주고 있는 것이다. 그것은 특별히 모든 지식인들이 사회정의와 도덕을 앞장서서 숭상함에도 불구하고 오랜 시간 흘러온 부정과 부패의 그림자는 이제 그 도를 넘고 있다는 사실이다. 돈만 가지고 따지는 세상이 아니라 인간의 사랑을 더 중요시 하며 사랑의 양심과 도의를 지켜나갈 수 있다면 우리민족과 국민들의 먼 장래는 아주 밝아 질 것이다.

사랑이 얼마나 소중하고 귀중한 것인가를 깨닫게 되는데서 우리는 행복하게 인생을 개척할 수 있다고 확신을 갖게 된다. 돈보다도 사랑으로 모든 것을 해결할 수 있다는 긍지를 가지고 살자.

더 열심히 사랑하지 못한 후회를 날마다 자각하며 살아가자.

## ❼ 인고(忍苦)의 세월, 통한(痛恨)의 세월

사람의 일생은 참을성의 연속이어야 한다. 인생은 태어나면서부터 임종을 맞는 날까지 참고 또 참고 견디어 온 세월들을 말한다. 갓 시집온 새댁이 시어머니 밑에서 긴 인고의 세월을 견디지 못하면, 어찌 남편과의 행복한 날을 기약할 수 있겠는가. 참는다는 것은 인생의 큰 미덕 중 하나다. 어두운 긴 터널을 참으며 뚫고 나가지 않으면 자신의 앞날에 어떤 행운이 찾아오겠는가. 운명의 여신은 이 같이 쓴 인생의 맛을 맛보게 함으로써 비로소 사람 사는 온유한 세계로 인도 할 것이다.

행운은 그저 불로소득의 환상에서 오는 것이 아니고 하나하나 성실한 가

운데 부여되는 것이다. 인생의 성공은 근면과 정직, 인내, 겸손 그리고 자신이 아닌 타인에게 관용을 베풀 줄 아는 사람에게 찾아오는 것이다.

원만한 가정이란 사사건건 문제를 일으키지 말고 순탄하게 넘어 갈수 있는 아량에서 시작된다. 아버지와 어머니 그리고 형제들은 제각기 다른 개성을 지니고 있다. 그러나 아무리 사소한 문제라 할지라도 자신의 이익주장을 뒷전에 두고 도리어 상대방의 말을 끝까지 경청하며, 이에 긍정적인 자세로 이해와 애정을 표시하면 모든 일이 화합되고 화목한 분위기가 자연히 조정되는 것이 아닐까.

이 같은 말은 어떤 도덕시간이나 윤리과목에서 나오는 수식어가 아니고 사람의 기분을 다듬는 거의 상식에 속하는 수양에서 문제 풀이가 되는 것에 불과한 것이다. 사람들은 가장 자연스런 길목에서 동쪽 아닌 서쪽, 남쪽 아닌 북쪽으로 저마다 끌고 가는 마당에서 분쟁이 발생하는 것이다. 사람들은 나면서부터 거칠게 태어난 것이 아니고 상대방이 비난하고 저주하는 바람에 문제가 야기되는 것이다.

인고의 고통은 한 가정에만 해당되는 것이 아니라 그것은 세상에서 사람과 사람이 맞대는 일반사회는 물론이거니와 온 나라 전체에 부합되는 말이다. 나라 일을 걱정하는 정당 간에도 그렇거니와 사회각계에서도 벌어지는 일이다. 이 같은 맥락은 국가와 국가가 맞서고 있는 국제사회에서도 인고의 철학이 적용되는 것이다. 인고라고 하는 말은 많은 의미를 내포하고 있다. 국제 사회에서도 상호간의 이해가 상반되고 서로 간에 사상이나 이념이 엇갈리면 이에는 분쟁이 발생하며 나중에 분쟁이 심화되면 전쟁으로까지 치닫는다. 너무나 당연한 이치다. 한나라 안에서도 그렇지만 민족 간, 종교단체에서도 인고의 개념을 저버리면 인류전체의 영원한 이상은 깨어버리고 마는 것이다.

작게는 한 가정 내의 혈육 간에도 인고의 열성이 상실되면 그 가정은 파경에 이르며 크게는 나라와의 경우에도 분쟁과 분열의 비극을 맞게 되는 것이다.

우리들의 삶을 보존하는데 있어서 음식을 취할 때에도 티격타격이 생긴다. 그것은 음식이 쓰고 맵고 짠 것이 음식 속에 배어 있어도 참고 씹어야 그 음식이 입속으로 넘어가는 것이 아니겠는가. 음식이 쓰다고 해서 뱉으면 그 밥상은 어떻게 되겠는가. 우리들의 일상생활은 오랜 시간, 참으로 오랜 시간을 참고 견디는 강인한 의지가 있어야한다.

인고는 고난과 고통을 수반하지만 그것이 갖는 속성과 본성을 잘 조화 시켜야 한다. 인고의 길엔 험난한 밭이 있겠으나 이를 이겨나가는 지혜와 노력이 필요한 것이다.

## ⑧ 그리운 우리 가곡

우리나라에서 국민들이 애창하는 가곡들이 많다. 그중에서도 몇 가지를 들면 여러 가곡 중에서도 특별히 나의 심금을 울리는 가곡이 있다. 우리가곡 '가고파'는 작사는 물론 작곡이 참으로 마음을 어루만지는 음악이다. 이외에도 그리움, 사랑, 비목, 바위고개 그리운 금강산 등이 있다. 나는 이 가곡들을 들으며 고된 삶에서 늘 위안을 얻고 있다.

음악은 사람들의 병을 치유한다는 말도 있다. 우울증을 앓고 있는 환자에겐 다시없는 양약인 것이다. 우리가곡을 들으면 저절로 눈물이 나오는 때가 한두 번이 아니다. 음악이 사람들에게 밥을 먹여 주는 것은 아니라고 하지만 음악이 주는 정서는 참으로 큰 것이거니와, 사람들의 거친 삶에서 마음을 따스

하게 풀어주는 마술을 지니고 있는 것이 분명하다. 그렇게 보면 우리들 가슴에 와 닿는 음악의 멜로디는 슬픔과 기쁨을 안겨주는 명약이 되고 있다.

이윽고 '보리밭'은 일제日帝때 중국 만주벌판에서 우리의 조상인 독립운동 투사들이 조국광복을 위한 고난의 길에서 무한한 위안을 얻었다고 하지 않았는가. '봉선화'는 나라 빼앗긴 설움에서 조국을 그리는 애국가에 버금가는 애틋한 노래였다. 이 같은 기라성 같은 명곡들은 아직도 우리들 생활을 윤택하게 해주니 애국의 가곡들이 주는 희망과 희열은 어디에 비유할 것인가.

이 가곡들은 우리들의 고된 삶에서 언제나 생명과 약동을 주는 하나님이 내리는 선물이 아닐 수 없다. 그러나 이들 가곡 말고도 우리들의 심금을 울리는 대중가요도 있다는 사실을 잊어서는 아니 될 것이다. 다만 한 시대를 풍미하는 유행가라 할지라도 다 같은 음악의 세계에서 공통으로 주는 영감이 있는 것은 분명하다. 우리들의 정서를 일으키는 예술의 세계는 실로 다양한 것이다.

시각을 통한 미술이나 조각 등도 우리들의 정서를 풍부하게 만들어 주는 분야인 것이다. 오늘도 나는 우리를 기쁘게 하는 것보다 우리를 슬프게 만드는 것들과 함께 하면서 삶의 위안을 얻고자 한다. 우리민족은 가곡을 사랑하며 노래에 애타는 민족임을 나는 알고 있다. 우리들이 이 험난하고 고된 세상에서도 좀 더 음악을 사랑하며 좀 더 여유 있는 아름다운 정서의 세계를 구축하였으면 좋겠다.

우리가곡을 통해서 거친 세파를 헤치고 따뜻한 인간 사회를 형성해 나갔으면 하는 바람이 간절한 것이다.

우리들이 반목과 질투의 세계에서 벗어나 서로 위안과 즐거움을 함께 나눌 수 있는 세상을 가져오면 좋겠다. 크게는 전쟁과 평화의 기도에서 신음하는 민족이나 국민을 지양하고, 모두가 불안과 분쟁의 세계에서 벗어나 우리 모두가 이상향으로 생각하고 있는 자유민주주의나 시장경제와 같은 체제를 아무런 거리낌이 없이 이루어 나갔으면 얼마나 좋겠는가 하는 간절한 소망이 하루에도 여러 번 솟구친다.

나는 아름다운 우리가곡이 없었다면 얼마나 비참하고 삭막한 생활을 하였겠는가 하는 생각을 해본다. 우리가곡은 언제나 나에게 기꺼운 벗이 되고 있으며 하나님이 내려준 곧 은혜로움이 아닐 수 없다. 우리가곡이 슬픔과 비애를 주는 존재가 아니고 행운과 즐거움을 선사하는 통로가 되었으면 한다. 가곡은 피곤하고 녹슨 우리들의 영혼을 일깨워주는 또 하나의 행복이 아닐 수 없다. 우리의 선배들이 우리가곡에 작사하고 작곡해 주신 것을 늘 고맙게 생각하면서 성숙해 가는 내 인생에 큰 밑거름이 되고 있는 것이다.

## ❾ 잉여(剩餘)인간의 생애

한평생 다른 사람이 땀 흘려 만들어 놓은 터전에 얹혀서 싱글벙글 놀다 생을 마치는 사람들이 세상엔 적지 않다. 그러나 어떤 사람은 자신의 노력으로 삶을 엮어나가는 사람도 있다.

전자의 사람을 잉여 인간이라剩餘人間 부르는 것이다. 어느 집단에나 어느 기관에서 자신의 피와 돈은 사용치 않고 남이 세운 응달에서 타인의 공적을 속이고자 자신의 공적으로 만들어 사는 계층의 사람들이다. 말하자면 낯 뜨거운 사람이다.

속된 말로 약삭빠른 사람으로 일종의 간신배라고도 하는 사람들이 세상엔 존재한다. 남의 명예를 도용하거나 남의 이름을 헐뜯고 뒤에서 비난하면서, 자

신의 출세를 꾀하는 야비한 사람을 말한다. 이런 사람은 남으로부터 비난을 받으면서도 이런 비난을 남에게 돌려 자신의 행위를 합리화하는 것이다. 우리가 사는 이 복잡다단한 사회에서 이런 사람이 도리어 이익을 보고 출세의 길에 오른다.

자신이 떳떳하지 못하면서 가장 교활한 방법으로 인생을 살아가는 무리들은 곳곳에서 속임수를 쓰며 심지어 남을 기망하며 형법상의 사기행각을 벌리는 사람이 있다. 매양 명예롭지 못한 사람이 명예로운 사람으로 둔갑하는 예는 비일비재하다. 악화가 양화를 추방한다는 말이 있다.

불성실한 사람이 성실한 사람을 내 좇는 위선자들이 사회에 팽배한 것이다. 남의 재산을 가로채고 가장 비열한 방법으로 부자가 된 사람들이 선량한 사람들에게 많은 피해를 주는 것이다.

법망을 교묘히 피해가며 자신만이 정당하다는 독선적인 사람도 이 세상엔 적지 않다. 사회가 일대 변혁을 일으키기 전에 그 같은 부정과 비리는 좀처럼 뿌리를 뽑을 수 없는 것이 오늘날의 사회구조이다. 사람다운 사람으로, 많은 사람으로부터 존경을 받고 사는 사람도 있으나 이런 사람들은 잉여인간의 그늘에 가려 뒷전에 서게 되는 경우가 많다. 정치하는 사람이나 경제를 주도하는 사람이나, 교육하는 교육자, 기업가 그리고 금융계에서 사람의 탈을 쓰고 고객들이 입금한 예금을 가로채 돈을 물처럼 쓰고 다니는 부류들이 세상엔 얼마나 많은가. 후한무치한 사람들이 대부분 자신의 부정을 합리화 시키고 그 집안을 부패하게 만들고 사회를 혼란스럽게 만드는 계층이다. 이밖에 예능계나 체육계 그리고 법조계 등 각계에서의 부정과 비리는 이루 말할 수 없이 많다.

범죄 후에 사직당국에서 관용을 받으면 스스로 지각은커녕 더욱 오만과 불손으로 사람들을 대하는 것이 예사이다. 이들은 사회적으로 힘 있는 강자로 등장하면서 힘없는 사회적 약자를 천대하는 것이다.

잉여인간에는 오만한 세력들이 포진해 있다. 안일한 사고와 비리를 통한 탄탄한 기반을 구축한 그들만의 특권계급으로 군림하며 사회를 좀 먹게 하는 것이다. 정직하고 청렴한 사람들이 투철하고 냉철한 마음으로 이 같은 잉여인간들의 비리를 과감히 고발하고 엄중한 법의 심판을 받도록 해서 그 뿌리를 뽑아내야만 한다. 잉여인간들의 무리들은 그들의 최후가 참으로 비참한 것이 사실이다. 불법과 불로소득으로 권력을 가지거나 재산을 모은 잉여인간은 무서운 도덕률과 사회정의의 차원에서 사회적인 심판을 받고, 대신 선량한 사람들이 잘 살수 있는 나라와 사회가 똑바로 서기를 기대하는 것이다.

## ⑩ 돈이면 된다는 망국병

인류에게 고도의 문명이 개발되고 언제부터인지 돈의 위력이 활기를 띠고 사회를 지배하면서 지금 이 시대를 황금만능의 시대라고 말하고 있다. 발전한 문명의 혜택을 받고 높은 수준의 문화인 행세를 함에 자본주의 경제가 도입되고 돈이 세상에서 제일이라는 풍조가 생긴 것이다.

물질문명에 정신문화가 뒤따르지 못한 퇴폐된 세상에서 황금이 너무나 활기를 치다보니 인간문화는 뒷전에 서게 됐다. 사람들의 정신은 돈의 노예가 됨으로써 물질문명에 도취되다보니 세상은 비정상적인 인간의 집단으로 타락하게 되는 것이 아닐까. 사회각계에서 각 구석구석마다 모든 일을 돈으로 해결하고, 돈이면 다 된다는 생활방식은 분명히 잘못된 세계에 몰입하고 있는 실정이 야기되고 있는 것이다.

돈 위에선 사회의 공공정신이나 공공질서는 다 무너지고, 게다가 사회정의와 귀중한 인간성 그리고 하늘과 같은 도덕관념은 땅에 떨어지는 현상이 벌어지고 있다.

사회의 가치관을 바로 세우는데 어떤 원칙이나 표준은 완전히 말살되고 다만 돈으로 세상을 좌우하려는 사고  방식이 지금 우리에게 만연되고 있는 것이다. 이 같은 잘못된 일은 사회를 병들게 만들며 나중에는 나라를 망치게 만드는 요인이 된다는 것을 많은 사람들이 망각하고 있는 것이 아닌가 하는 생각을 하게 되니 참으로 통탄스럽고 슬픈 일이다.

나라의 국사를 운영하는데 있어서 이 같은 그릇된 정신적 요소가 주입된다면 나라의 운명은 장차 어떻게 되겠는가. 참으로 한심스럽고 개탄해 마지않는 일이다. 돈이 사회의 주인이 되고 이외 모든 것이 종으로 된다면 세상은 어떻게 되겠는가.

국가와 사회의 모든 질서가 돈의 질서가 되며 돈으로 인해서 이루어지는 것이니 사람의 정신이 부패함으로써 세상은 추악하고 치욕적인 것이 될 것이다.

과거 공산혁명이 일어나 공산주의가 국민을 다 잘살게 만든다는 사상이나 이념도 70여년의 정치실험에서 실패의 고배를 마셨다.

지본주의가 세상을 지배하는 시대가 왔으나, 이 역시 국민을 골고루 잘살게 만드는 데는 역부족이다.

최근에는 자본주의 제도에도 많은 결함과 모순이 제기되어 자본주의가 국민들을 반드시 잘살게 만드는 사상이나 이념이라는 주장은 도태된 셈이다.

최근에 부상하고 있는 중국과 같은 국가자본주의나 기타 수정자본주의가 제기되고 있는 것도 바로 이런 원인 때문이다. 자본주의에서 기업주와 노동자의 갈등이 발생하고 사회적으로는 가진 자의 세력과 가지지 못한 자의 빈곤층으로 양극화현상이 매우 심화되고 있는 상황이다.

헌법상에 명시된 국민의 행복을 위한 기회균등과 분배가 공정치 못하고 부정과 비리로 얼룩진 사회지도층이 돈의 힘으로만 모든 것을 해결하지 않는 경제 민주화가 우리들 앞에 놓인 큰 과제가 아닐 수 없다.

위대한 국가를 건설하려면 하루바삐 집단적 이기주의나 지역주의를 청산해야 하겠다.

또한 국민 모두가 돈으로만 해결하려는 풍조도 정리되어야 하겠다.

신종가족주의나 개인이기주의와 같은 민족성도 마땅히 고쳐야 하겠다.

우리의 생활방식을 돈으로 해결하려는 망국병을 우리는 하루속히 불식해야 하겠다.

## 제10장

# 노령

## ❶ 맨발로 뛰는 노익장

사람이 나이를 먹으면 신체내의 오장육부가 차츰 쇠퇴해지는 것이다. 고령자로서 의사들이 흔히 말하는 퇴행성 질병이 생기게 마련이다. 요즘은 사람들이 건강관리에 신경 쓰는 사람이 많아졌다. 더욱이 의학이 발달하면서 사람의 평균수명도 높아진 것이다.

옛날엔 수십 년 전만 해도 나이 60에 이르면 환갑잔치를 벌이곤 하였다. 그러나 요즘은 평균수명이 70을 넘어 다시 80에까지 오르고 있다. 그래서 나 70이 되었다가 다시 80에 까지 오르고 있다. 그래서 나이 70에 마라톤을 하는 노인도 있거니와, 아직도 서울 광화문과 서울 시청 앞거리를 활보하는 사람도 적지 않아졌다. 80을 넘은 노인이 일정한 수입이 없고 보니 자연 호주머니에 돈 없는 사람이 무전으로 뛰는 수밖에 있겠는가.

나이 80을 넘긴 고령자이면서도 매일같이 거리를 돌아다니는 사람을 보기에도 행복한 사람이라고 보고 있는 것이다.

자식들로부터 몇 푼 안 되는 용돈으로 하루를 지탱하기란 힘겨운 것이다.

거리 한구석에는 가난한 노인들이 모이는 시립 무료급식소나 자선기관에서 제공하는 식사를 먹으려 장사진을 이루고 있는 광경을 멀리서도 목격할 수가 있다. 서울 종로 거리를 맨발로 뛰었던 노인들은 무정한 세월이 가면서 차츰 그 모습을 찾을 수 없는 지경에 이른다.

아무리 건강관리를 잘한다 해도 나이만큼은 속일 수 없는 것이다.

신체에 숨어있는 질병은 아무리 건강한 사람일지라도 그대로 두지 않는다. 게다가 자각증세도 없는 췌장암 같은 질병은 본인조차도 알지 못하는 무서운 질병이다. 동창이나 친지들의 모임에서 모습이 안 보일 때 면 그 사람은 이미 저승으로 간 사람이 된 것이다. 인생무상을 실감하는 고령자에게 어느 날 갑자기 이제는 저승사자가 데리러 왔다는 의식이 혼미한 상태로 된다니 참으로 서글픈 일이다.

나이80을 훌쩍 넘기면 어떤 사람은 유서를 써놓고 매일의 삶을 조심스럽게 보내야 한다고 말한다. 한 많은 세상을 남겨놓고 파란곡절이 많았던 인생에 막을 내리는 것이다. 아무리 일생생활에서 최선을 다하면서 살았다고 해도 엄격히 돌아보면 역시 최선이라고 말하기엔 미흡한 것이다. 나이가 들어 치매에 걸리거나 하반신이 온전하지 못한 사람도 마침내 식물인간으로 전락하고 마는 것이다. 그처럼 활달하게 뛰어다니는 노익장도 한계에 이르게 되는 것이다.

나이 90을 넘겨 100세를 바라보는 노인은 그야말로 하나님이 내린 축복으로 감사해야 할 일이다. 다만 맨발로 뛰어다니는 노익장의 모습을 얼마나 지속할는지, 그 시간 단축은 오직 하나님 만이 아는 비경에 속하는 것이다. 이 같은 노익장의 시간을 연장하는 길은 다만 건강수칙을 잘 지키는데 있다.

식사를 제시간에 취하고 매일같이 걸어 다니며 적절한 운동을 게을리 하지 않는데 있는 것이다. 노익장을 과시할 수 있을 때 주변의 그리운 산하山河를 잘 볼 것이며 친지나 친구 그리고 가장 가까운 가족들의 얼굴도 잘 익혀보고 지내는 것이 행복을 실감할 수 있는 행복한 순간이 되는 것이다.

오늘도 서울이나 시골길을 잘 뛰어 다니는 노익장의 모습을 보면 우리 모두가 축복해야 할 일이다.

## ❷ 허기를 채우는 맥도날드 빵

거리에서 흔히 맥도날드 햄버거 집이 눈에 잘 띈다. 싼값에 간단한 식사로 요긴할 수 있기에 많은 사람들이 이용한다. 대부분 젊은이들이 점심시간만 되면 장내가 꽉 찬다.

나도 가게 앞을 지날 때면 간혹 이름난 햄버거를 먹을 때가 있었다. 음료수 한 컵에 감자튀김이 듬뿍 든 봉투에 치즈가 든 빵 두개를 얹혀 주는 것이다.

젊은 사람들이 방안에 꽉 차있는 바람에 정장을 한 신사숙녀는 좀 꺼리는 경향이 있다.

내가 미국에 갔을 때인데 맥도날드 본점이 있는 나라여서인지 대형 맥도날드 빵집이 곳곳에 잘 눈에 띄었다. 이른 아침 사람들이 출근할 때가 되면 이 맥도날드 집은 간단히 아침식사를 치루는 광경을 볼 수 있는데, 햄버거를 기호하는 어떤 미국사람들은 길에서 또는 차안에서 식사하는 것을 흔히 볼 수 있었다.

이 맥도날드 선풍이 일찍이 한국에도 상륙하여 번창하고 있는 것이다. 가격이 싸서 먹는다는 것도 수긍이 가지만 맥도날드 식사문화에 젖어든 우리나라가 젊은이들의 단골 식사가 되고 있는 것도 사실이다.

햄버거 빵의 질량에서 우리들의 건강에 해악이 끼워둔 부분이 혹 있는 것인지 의구심이 생길수도 있겠다. 사실상 맥도날드 빵에 중독이 된 정도로 식사대용이 되고 있는 것은 아닌지 좀 생각해 볼 문제이다.

그러나 햄버거 빵을 즐겨먹는 사람들은 시원한 음료수를 곁들여서 부식과 함께 먹고 나면 제법 배가 부르다는 것도 부인할 수가 없다. 일손이 바쁠 때 바쁜 시간을 보낼 때엔 다시없는 현대인의 대용식으로 적지 않게 만족스런 기분이 들 때가 있는 것이다. 아직도 햄버거 빵을 먹어보지 못한 사람들에겐 생소한 이야기가 될는지 모르지만 한번 시식을 해보고 시간을 절약할 수 있는 생활의 지혜로 가져볼만 하다. 맥도날드는 빵을 먹는데 돈지갑이 넉넉지 못한 사람에게 알맞은 식사가 되고 시간에 좇기는 현대인에게 안성맞춤인 식사법이 될 수도 있겠다.

미국에 본사를 둔 빵집이 비록 맥도날드 빵집에만 유독 제한되어 있는 것이 아니고 이와 흡사한 대형빵집도 여러 군데가 있다. 그러나 맥도날드에 애착을 갖고 있는 사람들에겐 이곳에 출입이 잦아진 습관 때문이 아닐까. 어쨌든 맥도날드에 출입하게 된 잦은 습관이 생긴 것은 맥도날드를 선택하게 된 연유가 되고 있다.

맥도날드 빵집이 번성하게 된 이유는 맥도날드 가게 앞에 커다란 M이라고 하는 영문 마케팅 광고가 유난히 기호가들의 눈에 띄는 경향이 있다.

맥도날드 빵은 기호가 다양하고 가격도 기호가의 구미에 맞게 잘 구분돼있다. 다양한 음료수가 구미에 맞거니와 곁들여서 커피아이스크림도 집안 코너에 설치돼 고객들을 유혹하고 있는 것이다. 요즘처럼 경기가 좋지 않은 세상에 다소 생활이 어려울 때에는 이 이상의 간단한 대용식이 또 있겠는가.

요즘 큰 거리에서 의례히 눈에 잘 띄는 대형커피점이 있다. 미국에 본사를 둔 스타벅스라는  커피점이 많은 단골 소비자를 이끌고 있는 것은 특수한 대형

마케팅 광고가 한몫을 하고 있다. 스타벅스는 맥도날드와 같이 한국에 상륙하고 있는 가운데 가장 성공한 업체로 각광을 받고 있다. 유럽의 식사문화가 한국에 들어온 이래 커피라는 선풍적인 음료수가 거리를 석권하고 있을 뿐 아니라 간단한 대용식 빵의 기호품이 젊은이들의 식사를 충족해 가고 있다.

## ❸ 지하철에 웬 몽상(夢想)인가

지하철에서 웬 몽상인가 라고 하지만 그것은 보잘 것 없는 환상일수도 있고 만상일수도 있으며 나아가서는 일종의 몽상이라고도 할 수 있겠다.

그러나 이 몽상은 어느덧 영감을 만들어 내는 유익한 시간이 될 수도 있었다. 나는 경기도 안산에서 3년, 그리고 수원에서 2년간을 지하철을 타고 다녔다. 지하철을 공짜로 타고 다니면서 새삼 나라가 있다는 것을 실감할 수 있었고 한편 고맙게 생각한 사람이다.

나라가 있기에 공짜로 지하철을 타고 다니니, 이 얼마나 큰 혜택인가. 내가 50대에 접어들며 대우그룹 협력업체 사장으로 있으면서 그 흔해빠진 자가용을 20년간 타고 다닌 적도 있었다. 서울을 수년간 오가면서 인생의 갖가지 집념을 떠올리더니 급기야 나는 이 시간을 무모하게 허송할 수가 없었다.

그래서 가지각색의 몽상을 하다가 마침내 시집 한 권과 참회록 한권의 불량이 되는 글을 구상하고 집필할 수가 있었다. 그 많은 잡다한 몽상이 나중에는 귀중한 영감으로 변하여 세상에 부끄러운 글을 출간하게 된 것이다. 하기야 집안의 서재나 도서관에서 정좌를 하여야 반듯한 글이 나오는 것은 아니다.

전철에 오르내리는 사람들의 각양각색의 모습에서 그들의 사람냄새를 맡을 수가 있었으니 내가 이 조각시간에서 위대한 구상과 재치 있는 글을 쓰게 된 것은 참으로 행복한 일이다. 전철에서 사람들이 말하는 세상만사에 대한 정담과 울분 등을 옆에서 듣는다는 것은 얼마나 즐거운 일인가. 하나님께서 마련해 주신 이 서재 아닌 서재에서 나는 그나마 세상 사람들에게 무엇이라도 전하고 싶은 것이 생겨난 것이다.

이럭저럭 5년간 세월을 보내면서 내 인생의 늦은 성숙기에 그나마 허송세월을 보내지 않았다는 긍지와 자존심을 살릴 수가 있었다. 웬일인지 질주하는 요란스런 소리에 편승하여 옛날의 일들이 몽상처럼 떠올랐다. 이로 인해 자신에 대한 성찰과 참회의 시간도 갖게 된 것이다.

사람을 번번이 만나는 복잡하고 분주한 시간에 어찌 하잘 것 없는 몽상을 줄 수가 있겠는가. 땅바닥에 기어 다니는 딱정벌레처럼 외로운 시간을 타고, 나는 좋은 글을 써야 되겠다는 용기를 갖게 된 것은 실로 다행스런 일이다.

간혹 집근처의 호수공원에 나가보면 공기 좋고 나무들과 풀에서 내뿜는 산소는 나에게 다시없는 공간이 될 수 있었다. 그러나 이처럼 조용한 호숫가에서 무슨 말을 쓸까하고 고민하다보면 오히려 제대로 영감을 떠올리지 못하는 것은 웬일일까. 지하철에서 그처럼 복잡한 사람들의 소리에서 이야기를 만들어 내는 것도 내가 가질 수 있는 또 하나의 독특한 취미라면 그렇게도 억지로 수긍이 간다. 하지만 취미치고는 볼품없는 취미가 아닌가 하고 혹자는 비난할 수도 있겠다. 나라에서 제공하는 지하철에서 글을 쓴다는 것은 시궁창에서 보물을 찾고자 하는 취미치고는 악취미가 아닌가. 나라에서 배려해 주는 무임승차를 허용 안한다면 이처럼 글 쓰는 수업을 생각지도 못했을 것이 아닌가.

나는 글을 쓰면서 뇌를 활성화 시키면 노령기에 치매를 예방할 수 있다는 의사의 말을 명심하고 있다. 글을 쓰면서 뇌에 활력을 불어 넣으면 그것이 영감이든, 몽상이든 건강에 큰 보탬이 된다는 생각을 한 탓으로 글을 쓴다는 생활만큼은 저버리지 못하는 습관이 되었다. 이처럼 털걱거리는 지하철 생활도 이제는 청산하고 버스나 더 편리한 택시나 자동차를 타고 다니면서 나의 영감을 분출해 내야할 것이 아닌가하는 생각이 간절한 것이다.

## ❹ 치과의사 이학수와의 추억

나에겐 양정고교 동창인 치과의사 이학수가 있었다. 이미 고인이 되었으나 그와의 끈끈한 추억은 아직도 살아있다. 내가 못 잊어 하는 것은 그가 살아있을 당시 나에게 항상 특별한 배려가 있었기 때문이다. 잊을 수 없는 우정의 그는 만일 아직 살아있다면 나와 그는 무덤에 까지 갈 친구였다.

지난 6.25전란 당시 부산에 피난 갔던 시절, 부산초량동에 있었던 그의 집에 자주 놀러가서 식사깨나 축냈던 나였다. 그의 아버지는 워낙 호인이었던 터라 그의 어머니도 아주 인정어리고 꽤 극진히 무던한 사람이었다. 내가 그 친구 집에 갔다고 하면 아버지는 "석영이가 왔어, 어서 들어와"하고 나를 꽤 극진히 반겨 주던 그 모습이 아직도 생생하다.

그의 아버지는 미국 피츠버그 대학에서 박사학위를 받아온 치과의사치고는 훌륭한 석학이었다. 대한 치과의사협회장을 역임하였고, 집안이 워낙 부자였다고 기억된다. 서울 다동에 있었던 이유경 치과 의사 건물이 그의 집이었다. 친구의 동생도 치과의사로 온 집안이 치과의사로 대를 잇고 있다.

한번은 한국전쟁 휴전 직후에 내가 경기도 전곡에서 일선 사단장교였던 시

절, 인근 터키 부대에 근무했던 터키군 탱크장교인 베니아민 고메자노씨를 대동하고 이학수의 집을 찾아갔더니, 그 가족들로부터 얼마나 융숭한 대접을 받았던지 후일 고메자노씨는 혼자서도 다동 친구 집 치과에 방문하였다는 고마운 이야기를 들었다. 인간성이 풍부했던 이학수는 나에게 그야말로 잊을 수 없는 죽마지우였다. 한번은 대학 때인 부산 피난시절, 부산 앞바다에 있는 5.6도島라는 섬에 그의 여동생과 친구들과 놀러갔던 잊을 수 없는 추억도 되살아나고 있다. 대학과 군 제대 후에 서울 상도동에 있는 내 집으로 양정 동기 동창과 이학수를 특별히 초대한 일이 있었다. 그때 이미 이학수의 얼굴은 이상하게도 누렇게 떠있었다. 그 외면에 질병이 심하여 혹시나 하는 불길한 예감을 감출 수가 없었다. 그는 하루 종일 서서 모여드는 환자를 치료하노라 너무 무리한 일이 아닌가 하고 걱정을 하고 있었던 터였다. 그런 일이 있은 후 얼마 안가서 친구 이학수가 미국 뉴욕에 있는 제일 큰 병원에 입원해 있다는 소식을 접하였다. 퇴근 후엔 하루 종일의 피로를 풀기위해 주점에 자주 들려 양주를 폭음하였다고 하니 발병의 원인이 바로 이것이라고 나는 직감하였다. 간의 질병이 장기간 암으로 번져서 화를 입게 된 것이다. 미국에서 슬픈 소식이 오기를, 뉴욕 병원의 주치의가 환자의 복부를 열고 보니 질병이 너무 심화되어 이제 더 이상 수술이 불가능 하다는 판정을 받고나서 친구는 곧 유명을 달리했다고 전해왔다. 미국에 실려 가기 전, 나의 집에서 동창들과 회식할 때 본 것이 내가 마지막 본 이학수의 모습이었다.

서울 원남동에 있는 그의 집에서 장례식 날, 한동안 나는 슬픔을 이겨내지 못했었다. 그가 세상을 훌쩍 떠나다니 그의 부모 슬픔은 어떠했겠는가.

환갑을 미처 채우지못하고 떠난 그의 인생이 너무나 가여웠다. 양정고교에서 유일무이한 친구였던 그와 이제는 볼 수 없는 영원한 이별을 하게 되니 참으로 세상이 허무하게 느껴졌다. 지금도 그와 함께 5.6도에서 찍은 사진을 보노라면 그는 내 가슴에 아직도 슬픈 추억으로 남아있다. 이런 애틋한 추억은 살아있는 동안 영영 지워지지 않을 것이니 다만 그의 명복을 빌고 있는 것이다.

## ⑤ 고잔초지(古棧草芝)의 오솔길

고잔초지의 마을은 옛날엔 초가집도 없고 길도 없었던 아주 조촐한 시골이었다. 그러던 것이 사람들이 한사람, 두 사람 모여들어 지금의 시가 행성된 것이다. 시 중심지에서 좀 떨어진 아담한 고장이 바로 고잔초지의 마을이다.

고잔을 통해 초지로 가는 길은 매우 단조롭고 외로운 길이다. 작은 시이지만 도시의 계획은 잘 짜여 차량이 가는 길이나 사람이 가는 길 모두가 성냥갑처럼 일직선으로 잘 정비되었다. 시 한 가운데는 그나마 개천이 흘러서 잠시나마 마음의 안식이 된다. 이 고장은 서울에서 전철로 1시간 30분 남짓한 거리에 있으며 집들은 모두가 아파트 층으로 줄을 서있다.

복잡한 도심지를 떠나있으니 무엇보다도 공기가 맑아서 아침엔 매우 상쾌한 기분으로 길을 걸을 수가 있다. 특히 이 고장의 명물로 도서관이 시골로서 관답지 않게 크게 우뚝서있으며, 그 주변엔 호수가 있어서 호수마을이라고도 부른다.

아침에 역으로 가는 길목에서 그리고 저녁 귀가 길에서도 조용한 정적을 누릴 수가 있어서 사색하는데 안성맞춤이다.

도시 한복판엔 시에서 막대한 예산을 들여 건설한 월드축구장도 마련되어 있다. 그리고 법원과 검찰청도 시 전체를 조감할 수 있게끔 우뚝 서있다.

서울에서 이사 와서 수년간 이 고진초지의 오솔길을 걸으면서 참으로 많은 것을 느끼고 생각하고 지내왔다.

고잔마을과 초지마을은 시 전체의 인상을 잘 풍겨 주고 있다. 아주 옛날에 화가 단원이라는 유명화가가 살았다 하여 단원구라 이름 지었다한다.

사색하는 수양마을 고잔초지 동은 수목이 알맞게 심어져 있으며 도서관을 중심으로 호수공원이 조성되어 휴식공간에서 수양을 가다듬는 아담한 고장이다. 그러나 작가가 이런 수양터에서 글을 쓴다는 것은 그 자체가 보통 고역이 아닌 것이다. 더욱이 대하소설 같은 작품을 쓰려면 무수한 고충이 머리를 스쳐가는 것이다. 각종 차량소리, 비행기소리, 사람들의 떠도는 소리 게다가 거친 사람들의 목청을 높이며 떠들어대는 도심지의 소음을 듣지 않아서 좋다.

어쨌든 작가들은 조용한 공간을 찾게 되면서 고난의 역정을 밟고 온 그들이 작품의 세계를 모색한다는 것은 한편 남이 누릴 수 없는 행복한 순간들인 것이다. 초지동과 고잔마을에 와서 나는 많은 영감을 가질 수가 있었다. 고잔초지에 오가는 길목에서 나는 적지 않은 성찰과 참회를 가질 수 있었다. 때로는 자랑스러운 일들로 머리에 떠올리며 마음속 깊은 곳에 스스로 감회를 느낄 수 있었다. 그 옛날 다산 정약용 선생님이 책을 통해 가끔 떠올랐다. 선생은 벼슬에서 떠나 멀리 전남강진마을에 유배 와서 허구한 날 시간을 귀히 여겨 적지 않은 저서를 남겼다.

선철들이 남긴 글에서 후대의 우리들은 옛것을 익혀 새로운 것을 발견할 수가 있었다. 세계의 저명한 작가들은 모두가 조용한 한적지를 찾아 그곳에서 불후의 작품을 창작한 것이다. 미국의 헤밍웨이는 쿠바 하바나의 바다에서 〈노인과 바다〉를 써나갔다. 〈우기여 잘있거라〉라는 거작도 미국 남부 플로리다의 사람이 없는 한적한 섬에서 이루어 진 것이다.

많은 작가들이 한적하고 조용한 곳에서 심오한 사색을 하며, 조용하게 글을 써나가면서 후대에 남길 수 있는 불멸의 창작을 시도 하였으니 얼마나 부러운 일인가. 위대한 작가들이 위대한 작품을 쓸 수 있었던 것은 볼품없는 초라한 초가삼간에서 이루어졌다는 사실을 되새겨 본다.

## ❻ 알짜배기 인생

알짜배기 인생이라는 말이 있다. 그런데 많은 사람이 그 의미를 잘못알고 있는 경우가 있다. 재물을 쓰지 않고 곳간에 쌓아두는 사람을 말한다는 것이다. 이 말의 의미는 인생의 참뜻을 깨우치지 못한 사람의 말일 것이다.

다시 말해 돈을 많이 모아둔 사람을 말하는 수도 있다.

그러나 그것도 참뜻이 아니다. 잘못알고 있는 것은 세상엔 돈의 위력을 과시한 나머지 돈만 가지고 세상일을 단정 지으려는 사람이 있다는 것이다. 이 세상엔 돈 외에 더 중요한 것이 있다는 것을 모르고 하는 말이다. 돈보다도 더 중요한 것이 있다면 그것은 건강이며 명예를 말하는 수도 있는 것이다. 속담에 돈을 잃으면 일부를 잃는 것이고 명예를 잃으면 모든 것을 잃는 것과 같다고 했다.

돈보다 명예도 더 소중히 여기며 명예보다도 건강을 가장 소중히 여기고 살아가는 사람을 알짜배기 인생이라고 불러도 과히 틀린 말은 아닌 것이다. 돈은 없다가 또 벌면 되는 것이고 명예의 손상은 좋은 일을 하며 명예를 회복하면 되는 것이다. 건강을 해치고 몸져누워 죽는 날을 기다린다면 돈이 무슨 소용이겠는가. 매일의 생활을 건강한 몸과 정신으로 잘 엮어나가며 건강하게 하루하

루를 잘 소일 할 수 있다면 이 이상의 행복이 또 있겠는가.

건강하자면 매일같이 규칙적인 생활을 하면서 하루 세끼의 식사를 일정시간에 취하면서 하루의 식사를 무탈하게 하고 밤에 충분한 수면으로 잠을 잘 자고, 화장실에서 쾌변을 본다면 이런 몸가짐이 알짜배기 인생의 본보기가 되는 것이다. 이것이 건강의 3대 원칙인 것이다.

시름시름 병색이 짙어 창백하거나 누렇게 얼굴에 핏기가 안돈다면 이는 벌써 온전한 사람이 못되는 것이다. 얼굴이 과도하게 붉어지면 이는 고혈압 증세를 나타내는 것이요, 얼굴이 누렇게 뜨면 이는 간이나 장이 온전치 못한 상태이다. 또한 얼굴이 창백해지면 이는 혈액 순환이 온전치 못한 상태이다. 우리는 얼굴의 혈색이 양호하고 왕성한 활동력을 보인다면 이야말로 정상적인 건강한 사람의 표상이라 할 것이다. 사람은 죽는 날까지 건강의 3대 원칙에 충실한 보행자를 알짜배기 인생이라 볼 수 있다. 공기가 맑고 신선한 야채나 과일을 먹으면 이 역시 건강의 법칙을 잘 이행하고 있는 사람일 것이다. 알짜배기 인생의 개념은 건강한 정신으로 건강한 행복을 누릴 수 있는 사람을 가리키는 것이다. 알짜배기 인생은 많게는 100세를 뛰어넘을 수 있는 사람이며 적어도 80 이상 90세를 넘을 수 있는 활력을 지닌 사람을 말한다. 이왕이면 100세 장수를 못 이루어도 90을 넘어선 사람은 이미 장수의 대열에 끼어있는 사람도 알짜배기 인생을 자랑스럽게 구가할 수 있는 경지에 도달한 사람이다.

알짜배기 인생 그것 하나만으로도 인생 성공이다.

돈을 모아 윤택하게 산다고 하여 인생을 성공한 사람이라고 자위해서는 아니 될 것이다. 알짜배기 인생이야말로 인생의 승리자로 하나님께서 축복의 면류관을 씌워야 할 것이다. 알짜배기 인생은 평생 동안 모든 환경의 세심한 주의로 사고를 미연에 방지한 사람으로, 자신의 건강관리를 훌륭하게 잘 이행한 사람으로 세상 사람들로부터 축복을 받아야 하는 사람을 가리킨다.

## ❼ 문화의 위기시대

영국의 사학자 아놀드 토인비는 말하기를 인류의 문명은 북극의 빙하氷河가 녹아내리는 것처럼 서서히 진행된다고 하였다. 그러나 요즘 지구의 온난화 현상으로 빙하의 속도가 다소 빨라지는 형상을 보이고 있다. 좋은 문화는 매우 더딘 데가 있지만 나쁜 문화는 퇴폐된 정신 때문에 급속도로 오며, 가속화 된다는 것이다. 요즘 우리가 살고 있는 사회가 날이 갈수록 어둠의 세계로 치닫고 있는 느낌을 주는 것은 웬일일까.

정치의 불안과 경제의 하락이 연일 계속되고 있을 뿐 아니라 이에 문화의 위기마저 도래하고 있다. 이제는 고질화된 정치인의 패거리 싸움과 시장에서 사고팔고 하는 서민경제마저 바닥으로 침체되고 있으니 참으로 한심스런 일이다. 치명적인 것은 날이면 날마나 사행심과 일확천금을 노리고 있는 사기단과 도박패가 거리를 판치고 있음에 국민들은 너무나 피곤한 것이다. 따라서 건전문화가 아니라 병든 문화가 자꾸만 이 사회에 만연되고 있다는 사실이다.

최근 여론조사에 따르면 앞으로 10년 후의 우리나라 자화상을 물은 질문에 응한 응답자 가운데 대부분이 절망적이라고 하였다. 이것은 우리에게 미래와 희망이 없다는 뜻과 마찬가지 일 것이다. 정신문화가 건강하지 못한데서 병든 인간을 만들어 낸다는 것이다. 어둠의 문화에선 정직하지 못하고 자신이 하는 일에 책임을 지지 않으며 성실하고 노력하는 사람들에 대한 정당한 보상이 없는 사회로 전락하고 마는 세상이 될 것이 아닌가. 이 때문에 국민의 도덕적 기반은 서서히 무너지고 나라는 급기야 병들어 가는 비장한 지경에 이르게 될 것이다.

건강한 정신에 건전한 문화가 창출된다는 것은 극히 자명한 이치에 속한다. 사회의 일반적 통념과 상식을 파괴하고, 모든 것을 불법과 불합리한 사고방

식으로 일을 처리한다면 국민들은 자연히 무책임한 정부를 불신하게 되고 지도자를 혐오하게 될 것이다.

부패와 부정의 이면엔 반드시 검은 돈의 지레가 존재하는 만큼 사회집단의 위기는 심화되어 갈 것이다. 한나라와 한민족의 흥망성쇠는 물질문화와 정신문화의 척도에서 좌우되는 것인 만큼 주관적이므로, 건전한 정신과 객관적인 가치 판단의 상실은 어떤 집단이든 결과적으로 자멸을 초래함은 자명한 일이다. 한 사회의 정의가 사라지고 진실이 은폐되면서 우리가 인간답게 살아가는 보편적인 가치를 잃게 된다는 사실이야 말로 이제 두말할 나위가 없이 현명한 국민들은 너무나 잘 알고 있을 것이다.

오랜 세월 참으로 영국엔 공리주의, 독일엔 합리주의, 프랑스엔 비판주의, 미국의 실용주의 등 그들 가슴 속에 흐르고 있는 정서와 가치판단의 기준이 서있는 것은 참으로 부러운 일이다. 그렇다면 우리 대한민국 국민의 가슴속엔 진리에 대한 어떤 원리 원칙이 흐르고 있는 것인가. 다시 한 번 통찰하고 자성해 볼 일이다.

## 8 미국 자유의 여신상(女神像)

비행기를 타고 미국 뉴욕 행을 가려면 의례히 바다 위에 우뚝 서있는 자유의 여신상女神像이 눈에 띄게 마련이다. 이 여신상은 언제 봐도 감회가 새롭다. 뉴욕에 입항하려는 세계 의 많은 사람을 영접이나 하는 듯 비단 미국뿐 아니라 비행기에서 이를 내려다보는 방문객들은 저마다 고마운 생각이 드는 것은 웬일일까. 어떻게 보면 대국인 미국을 상징하듯 늠름하기까지 하다.

미국은 그야말로 자유의 나라, 민주주의의 나라임을 실감해주고도 남음이 있다. 미국은 그 옛날 미국에서 '메이플라워호'라는 배를 타고 건너온 조상들이 미국 땅의 황무지를 개간하며 원주민과 싸우면서 개미처럼 아침부터 밤늦게까지 부지런을 떨어 미국대륙의 문명을 개척한 것이다. 불과 200년의 짧은 역사에도 불구하고 오늘날은 정치, 경제 문화, 과학 등 기타 모든 기술 분야에서 세계의 최강국이 된 것이다. 세계에서 유일한 자유방임 국민이기에 미국 외부에서 그 숱한 사람들이 모여들어 방대한 이민사회를 이룩한 것이다. 그러나 그 많은 미국국민들은 너도나도 준법정신이 농후하여 범죄가 발생하였을 시에는 인종과 사회적 지위 고하를 막론하고 엄중한 처벌을 받는다는 것은 참으로 기이하고 대견스런 일이다.

뉴욕 항 입구에서 지키고 있는 자유의 여신상은 바로 이 같은 미국 정신을 대변하고 있는 것이 아닐까. 이런 생각을 할 때마다 우리나라에도 인천 앞바다에 있는 영종도 비행장 입구에 코리아 자유의 여신상을 세우면 어떨까 하는 꿈을 가져볼 때가 있다. 우리나라 국민들도 자유를 만끽하고 자유민주주의와 시장경제를 지키는 상징적인 여인상이 있으면 얼마나 자랑스럽고 좋을까한다.

한반도가 예부터 강대국 사이에 끼어 수많은 외침을 물리치는 전쟁을 치르다보니 도리어 정신세계가 불안하고 문란해진 것이 아닌가 하는 짧은 생각을 하게 되는 때가 있다. 게다가 같은 동족끼리 남북이 갈라서있으니 통일 될 날이 언제 올 것인지 요원하기만 하다. 통일된 조국의 수도공항에 자유의 여신상이 우뚝 서있으면 얼마나 좋겠는가.

우리가 부러워하는 것은 자유의 여신상은 신의 뜻에 따라 신으로부터 무한한 축복을 받아 나라를 영원무궁하게 수호해준다는 깊은 뜻이 숨겨져 있는 것이 아닐까. 이 자유의 여신상을 바라보면서 전 세계의 사람들이 평화와 안녕을 지키기 위해 행해지는 실천과 행동이니 만큼 많은 희생과 대가를 치루고 있는 나라가 바로 미국임을 부인하지 못 할 것이다.

날이면 날마다 항공이나 선박으로 미국 뉴욕에 입항할 때, 멀리서 손짓하

고 있는 자유의 여신상은 자유민주주의를 보호하며 그 축복의 여인상을 뜻하는 것이 아닌가. 자유의 여신상에 점점 접근하며 갈 때 어서 무사히 미국에 들어가게 해달라는 간곡한 기도와 어떤 미지의 세계에 대한 동경대상이 되고 있다. 자유의 여신상은 행운의 여신상일 뿐 아니라, 여신상의 하늘높이 든 손은 모든 사람들이 운명을 극복하며 종국에는 승리할 것임을 의미하는 것이다.

## ⑨ 들리는 것은 바람 소리 뿐

강변에 서서히 흐르는 강물을 쳐다보니 들리는 것은 다만 바람소리일 뿐이다. 내 귀엔 바람 외에 아무것도 들리지 않고 있다. 내 마음속에 간직하고 있는 것도 들리지 않고 있다. 내마음속에 간직하고 있는 그리움도 사라지고, 내 가슴속에 박혀있는 온갖 욕심도 일시에 꺼져 버리는 것이다. 아무런 생각도 나지 않는다. 이런 때를 가리켜 무엇이라 표현할 수 있을 것인가.

세상의 삼라만상이 다 눈에 보이지 않고 다만 머릿속은 허망 된 생각만이 나를 괴롭히고 있다. 갈등이 겹치는 머릿속은 고통만이 웅크리고 앉아있다. 마음먹었던 계획은 절망과 좌절감 속에서 해매고 있다. 세상일이 그리 쉽사리 되지 않는 것을 알면서도 그래도 한 가닥의 희망과 기대를 버리지 못하는 것은 웬일일까. 이것이 인생이다 하면서도 이를 수긍하지 못하고 섣불리 일을 저지른 후에야 낙심하고 마는 것이다.

나의 인생행로를 하나님이 과연 인도해 주실 것인지 고뇌에 찬 세월이 덧없이 흘러만 가고 있다. 여차여차해서 일이 순조롭게 진행될 줄로 믿었으나 세상은 그렇지가 않다. 이런 때 나에게 위안을 가져다주는 사람이 누가 있을 것인가. 어느 정도 일이 성숙해 갈 때 사람들이 접근해 오는 것이 아닐까. 일이 잘 풀리지 않은 때에는 개미 한 마리도 주변에서 얼씬 거리지 않는 것이 통상이다. 이런 때 내 귓전에 들리는 것이 있다면 이는 다만 바람소리만이 있을 뿐이다.

무정한 세월, 무정한 사람이 나를 울리고 있는 것이다. 결과적으로 무성의하고 태만하고 미련한 것이 내 주변에 맴돌고 있기에 인생을 더 실패의 도가니에 몰아넣고 있는 것이 아닌가. 일일삼성의 구호도 이제는 무용지물이 되고 있는 것이다. 스스로 반성하고 스스로 깨닫는 길 외에 달리 무슨 방법이 있겠는가. 가을철이나 겨울철 그리고 봄철에도 아침저녁 바람은 불고 또 불어오는 것이다. 나에게 속절없이 불어오는 이 바람들이 나에게 무엇을 가르치고 있는 것인가. 그것은 단순한 찬바람이 아니고 뼛속에 스미는 냉랭한 바람이 아니더냐. 바람만이 인정사정없이 나를 스치고 있는 것이다. 나를 무아지경으로 만들고 바람은 나를 호되게 치고 가는 것이다.

바람이 하염없이 분다. 그리고 아무런 소식도 없이 바람은 여전히 때리고만 가는 것이다. 바람이 무엇이더냐, 이전엔 바람을 다만 스쳐가는 시간과 세월의 사자로만 여겼다. 그러나 그 바람소리는 목메어 우는 소리가 아니더냐. 바람은 눈물의 바람이고 보면, 바람은 삶을 더 외롭게 만드는 슬픈 소리가 아니더냐. 슬픔을 안겨다 주는 이 바람소리가 어떤 의미를 가지고 있는 것일까. 바람을 타고 가는 허망한 인생이 더욱 공허함을 느끼며 늙어만 간다.

내가 서있는 강변을 따라가노라면 흘러만 가는 강물은 바람을 안고 더욱 거품을 뿜으며 비운의 역사를 엮어가고 있었다. 강물을 타고 가는 바람은 고기나 긴 물줄기를 따라 멀리멀리 불어가는 것이다. 바람의 여신은 오늘도 소리없이 불어오며 내 고뇌의 심정을 속절없이 어루만지고 있다. 내 마음을 흔들고 가는 것이다.

## ⑩ 오늘을 소중히 여기는 마음

러시아의 대문호 톨스토이가 일찍이 말하기를 자신이 처해있는 오늘 현재의 시간이 가장 소중하다고 하였다.

그렇다고 내일의 희망에만 매달린다고 하여도 현명한 사람이 못되는 것이다. 지난날의 일들을 후회한들 무슨 소용이 있겠는가, 그것은 현재의 시간을 잘 활용할 줄 알아야 한다는 것이다. 항상 시간에 좇기는 일에 머물다 보면 현재의 자신을 잃을 수도 있다. 현재는 과거의 연장일수가 있지만 지나간 일에 후회한들 무엇 하겠느냐 하는 말이다. 그리고 미래는 현재에서 시작되는 것이지만 현재에 똑바로 서지 않으면 미래는 밝지 못하다는 것이다. 현재가 가장 골든타임이라는 뜻을 잊어서는 아니 될 것이다.

과거의 빛나는 역사가 현재에 유용하게 작용하는 것이 사실이지만 과거에 치우치다 보면 현재를 소홀이 여기고 미래는 불투명해지는 법이다. 매우 보편적이고 상식적인 말이겠으나 사람들은 흔히 가장 소중한 것을 놓치는 수가 있다. 자신에게 유익하지 못하고 주변 모든 사람에게 해악을 가져다주는 일은 한시바삐 잊어버리고 청산하는 것이 옳다고 하는 것이다.

간혹 국민적인 역사의식을 가져야 한다는 말은 흐르는 역사 속에서 치욕의 역사를 잊어버리고 빛나는 역사를 취사선택하라는 의미를 갖고 있다. 다시는 우매한 역사의 전철을 밟아서는 아니 된다는 것이다.

우리나라 속담에서도 한번 빠진 웅덩이엔 다시 안 빠진다는 말이 있다. 오늘이 중요하다는 말은 백번 들어도 부족함이 없는 것이다. 오늘을 떠나서 내일을 가늠할 수가 있겠는가. 오늘을 후회스럽게 지낸다면 그것은 마치 급행열차가 간이역을 그대로 스쳐가는 것과 같은 이야기이다. 오늘의 탄탄한 출발이 내일의 성공을 가져오기 때문에 오늘의 상처는 오늘이 다 가기 전에 치유하는 방향으로 매듭지어야 한다는 것이다.

과격한 일을 피하고 오늘 하루의 무사고로 생명을 부지하는 경우도 있다. 오늘 하루의 운명이 일생을 좌우한다는 것이다. 하나님의 축복으로 오늘 하루의 영광이 일생을 영광스럽게 만들 수 있다는 것이다.

오늘 하루의 부주의한 교통사고로 불의의 사망을 고하는 경우도 세상엔 얼마든지 있다. 오늘 하루를 잘못 보낼 때 불행이 닥쳐오는 수가 있는 것이다. 오늘 하루를 홀연히 보내고 나면 희망찬 내일이 닥쳐오는 것이다. 오늘을 귀하게 보내게 된다면 내일은 또 어떤 행운이 찾아올 수도 있다. 오늘 하루가 얼마나 귀한 시간인지를 이제 더 설명할 필요가 없는 것이다. 오늘하루를 무사히 지낸다면 내일은 또다시 태양이 뜨고 새로운 날이 밝아 오는 것이다.

이 같은 철리를 터득할 때 새로운 날, 새로운 희망을 걸고 새로운 삶을 이어 나가는 것이다. 찬란한 아침 햇빛을 가슴에 받으면 얼마나 상쾌한 기분이 드는가. 하루의 결과가 즐겁게 끝나면 내일은 더 행복한 날을 맞아야 할 것이 아닌가.

오늘 하루가 위대한 것이다.

오늘 하루를 헛되게 보내면 내일도 보잘것없는 하루의 인생을 힘겹게 보내는 것이다. 하루하루 최선을 다하는 사람에게 행운의 여신은 찾아오며 하나님은 노력하는 사람에게 축복과 은총을 내린다. 이 말은 진인사 대천명이라는 말처럼 자신에게 뿌리던 일에 충실하다면 하나님은 이에 합당한 상을 하사하는 것이다.

하나님께 감사하는 마음으로 오늘 하루처럼 매일, 계속한다면 기필코 성공할 것이니 오늘 하루의 생활이 참으로 귀중한 것이다.